LES ILLUSTRATIONS

DES

Contes de La Fontaine

BIBLIOGRAPHIE ICONOGRAPHIE

Pour faire suite à l'ouvrage du Dr ARMAND DESPRÉS
"Les Éditions illustrées des Fables de La Fontaine"

PAR A. HÉDÉ-HAÜY

PARIS

LIBRAIRIE ROUQUETTE & FILS | M. P. ROBLIN, MARCHAND D'ESTAMPES
69, PASSAGE CHOISEUL, 73 | 65, RUE SAINT-LAZARE, 65

M. D. CCC. XCIII

Paris. — Imp. PAIRAULT & Cie, 6, passage Nollet. 2107.

LES ILLUSTRATIONS

DES

CONTES DE LA FONTAINE

LES ILLUSTRATIONS

DES

Contes de La Fontaine

BIBLIOGRAPHIE ICONOGRAPHIE

Pour faire suite à l'ouvrage du Dr ARMAND DESPRÉS
« Les Éditions illustrées des Fables de La Fontaine »

Par A. PIEDAGNEL

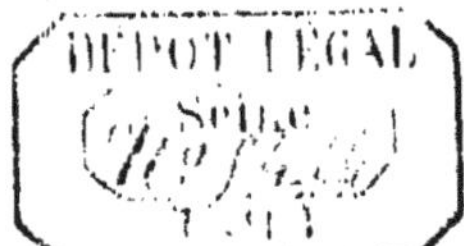

PARIS

LIBRAIRIE ROUQUETTE & FILS | M. P. ROBLIN, MARCHAND D'ESTAMPES
69, PASSAGE CHOISEUL, 73 | 65, RUE SAINT-LAZARE, 65

M.D.CCC.XCIII

LES ÉDITIONS ILLUSTRÉES

DES

Contes de La Fontaine

Romain de Hooge

Édition originale, Desbordes 1685

Reproductions et Imitations :
Desbordes : 1695, 1701, 1710, 1718, 1726
Brunel : 1696, 1699, 1709, 1718, 1726. — Lucas : 1721, 1731, 1732

Contes ‖ Et ‖ Nouvelles ‖ en Vers ‖ de Monsieur de La Fon-
taine ‖ Nouvelle édition enrichie de Tailles Douces. ‖ A
Amsterdam, ‖ Chez Henry Desbordes dans le ‖ Kalver-
Straat, près le Dam. ‖ M. DC. LXXXV. 1685
Desbordes

Deux vol. in-12 souvent reliés en un volume. — 1er vol.
Titre. Avertissement 7 pp. n. pag. Préface 5 pp. n. pag. Table
des 2 volumes 2 pp. n. pag. Texte des contes p. 1 à 210.
Dissertation p. 211 à 236. — 2° vol. Titre. Préface 6 pp. n.
pag. — Texte p. 1 à 216.

Cette édition est la première édition compacte illustrée, bien qu'incom-
plète, des contes de La Fontaine : elle ne comprend encore que 29 contes
dans chaque volume : le frontispice et les 58 en tête de pages sont dessinés
par Romain de Hooge : presque chaque conte est terminé par un fleuron
sur bois.

Trois éditions ont été faites sous la même date : M. le docteur Desprès,

1685
Desbordes

qui possède les trois tirages, a bien voulu nous les communiquer et nous y avons relevé les différences suivantes. Les vignettes sont semblables, mais les ornements typographiques, en tête de pages et les culs de lampe sont différents.

1er TIRAGE. — A la table du 1er volume on lit : *Le Juge de Mèle* et plus bas la Dissertation sur la Joconde est bien indiquée, p. 211. La première page de la Dissertation sur la Joconde a 11 lignes. La vignette, p. 49, T. 11, *Le Villageois qui cherche son veau* est intacte, sans boursouflure ou brisure au coin en H à D.

2e TIRAGE. — A la table du 1er volume on lit : *Le Juge de Mèle* et plus bas, la Dissertation sur la Joconde est bien indiquée p. 211. La première page de la Dissertation sur la Joconde a 16 lignes. La vignette de la p. 49, T. 11, *Le Villageois qui cherche son veau* présente à D, en H, une tache qui indique que le cuivre devait être fendu.

Dans le titre des pp. 37 et 45, T. 11, le mot Julien a un V au lieu d'un U.

3e TIRAGE. — A la table du 1er volume on lit : *Le Juge de Mèle* et plus bas, la Dissertation sur la Joconde est indiquée p. 221. Il y a un carton pour la vignette le Savetier, p. 31, T. 1, qui recouvre le sujet tiré par erreur du *Paysan qui a offensé son Seigneur*. Dans la vignette de la p. 49, T. 11, *Le Villageois qui cherche son veau* se trouve en H à D, une lacune : (La cassure du cuivre s'est complétée). Au reste la même cassure existe sur la même vignette dans l'édition de P. Brunel de 1696, édition qui est une copie de 1685, avec les mêmes culs de lampe.

VIGNETTES. — 1 frontispice signé et 58 vignettes en tête de pages sans sig.; ces vignettes sont bordées d'un T. C. doublé d'un filet, mesurent environ 70 à 73 H sur 82 à 85 L : Le frontispice bordé d'un filet, mesure 139 H sur 81 L : Une femme de profil à G, la tête ailée, s'appuie sur une lyre placée sur un soubassement dont la partie plane porte le titre suivant : Contes ‖ de Mons' ‖ De La ‖ Fontaine ‖ enrichis de tailles douces ‖ à Amsterdam ‖ chés Henry Desbordes ‖ 1685. Cette femme regarde à sa G un amour ailé, qui vide un carquois, dont les flèches tombent à terre, au milieu de cornes d'animaux divers et auprès d'une source jaillissante. On aperçoit, au fond à D, un vase de fleurs, un arbre, et dans le lointain une montagne surmontée de Pégase ; à G se trouve un groupe en marbre (cerf aux abois) placé sur un socle orné d'un bas relief. La planche est signée à G, au-dessus de la fontaine R. de Hooge.

1695
Desbordes

Contes ‖ et ‖ Nouvelles ‖ en vers ‖ de Monsieur de La Fontaine. ‖ Nouvelle édition enrichie de Tailles-Douces. ‖ A Amsterdam. ‖ Chez Henry Desbordes, dans le ‖ Kalver-Straat, près le Dam ‖ M. DC. XCV.

Deux vol. in-12 souvent reliés en 1 volume. — 1er vol. Fron-

tispice. Titre. Avertissement 8 pp. n. pag. Préface 4 pp. n.
pag. Texte des contes p. 1 n. pag. à 210. Dissertation p. 211
à 236. Table 2 pp. n. pag. — 2° vol. Frontispice. Titre. Préface
6 pp. n. pag. Texte des contes p. 1 à 216 marquée 144. Table.

1695
Desbordes

Réimpression modifiée de 1685.

VIGNETTES. — 2 frontispices 1 pour chaq. vol. et 59 vignettes en tête
de pages ; les fleurons de titres sont différents.

Le frontispice du 1er volume est celui de 1685 retourné, sans sign. La
date et le nom du libraire ont été supprimés. Le frontispice du 2° vol. est
une nouvelle composition sans sign. v. pll. Les vignettes sont celles de 1685,
retournées et gravées avec une certaine finesse : elles mesurent 66 à 68 H
sur 79 à 81 L, elles sont bordées d'un TC doublé d'un filet : en H de chaque
vign. au dessus du filet on lit à G, H 1 (ou 2) et à D, fol..... (le numéro de la
page).

Frontispice du 2° vol. : Une femme debout de face soutient de la main D
un écusson posé à terre et sur lequel on lit : Contes ‖ de M. ‖ de La ‖ Fontaine ‖ Tome ‖ second. Elle a la main gauche appuyée sur la tête d'un amour
ailé, de profil à G, qui tire de l'arc ; à G, au fond, le demi soubassement
d'une colonne avec arbre ; à D, deux colombes volent en l'air. Dimension
137 H sur 80 L au TC doublé d'un filet.

Contes ‖ Et ‖ Nouvelles ‖ en Vers. ‖ par Monsieur de la Fontaine ‖ de l'Académie française. ‖ Nouvelle édition enrichie
de Tailles Douces, ‖ corrigée et augmentée. ‖ A Amsterdam, ‖ Chez Pierre Brunel, ‖ près la Bourse, à la Bible
d'or. ‖ M. DC. XCVI.

1696
Brunel

Deux tomes in-12 souvent reliés en un volume : — Tome 1er,
titre rouge et noir, 4 ff. n. pag., 236 pp. et une f. pour la table.
— Tome 2°, titre rouge et noir, 3 ff. n. pag. 241 pp. et 1 f. pour
la table. Aucun nom d'imprimeur ; aucune approbation. —
29 contes dans le 1er vol. et 33 dans le second.

C'est comme texte des contes la réimpression du 3e tirage de l'édition
1685. (Cassure du cuivre p. 49 T. 11. voir p. 12) à laquelle on a ajouté
4 contes : *Le Fleuve Scamandre, La Confidente sans le savoir, Le Remède,
Les Aveux indiscrets;* on a également modifié le texte de l'avertissement
et des deux préfaces.

VIGNETTES. — 1 frontispice et 62 vignettes : Le frontispice ne diffère
de celui de 1685, que par le nom de l'éditeur inséré à la 7° ligne et la date

1696
Brunel

placée à la 8e ligne. En ce qui concerne les vignettes, 58 sont tirées sur les cuivres de 1685 : les 4 dernières ayant rapport aux nouveaux contes, tiennent la page entière : elles mesurent 101 à 101 H sur 68 à 70 L, à l'intérieur du cadre formé de plusieurs filets réunis. La planche *Le Remède* est marquée à G, H.

1699
Brunel

Contes ‖ Et ‖ Nouvelles ‖ en Vers, ‖ par M. de La Fontaine ‖ de l'Académie Française. ‖ Nouvelle édition enrichie de Tailles-Douces, corrigée et augmentée. ‖ A Amsterdam, ‖ chez Pierre Brunel, ‖ à la Bible d'or. ‖ M. DC. XCIX.

Deux vol. in-12 avec titres en caractères rouges et noirs. — 1er vol. Titre 6 ff. n. pag. et 236 pp. — 2e vol. Titre, 5 ff. n. pag. 240 pp.

Texte de l'édition 1696 modifiée ainsi que les fleurons de titres.
VIGNETTES. — 1 frontispice sans date ni signature, et 62 vignettes : Ce sont les vignettes de 1696, retaillées et retouchées pour la plupart. Plusieurs figures sont habilement refaites, notamment p. 49. Le frontispice n'est plus ni daté, ni signé. Les 4 dernières vignettes de 1696 sont ici réduites à la dimension générale des autres planches.

1701
Desbordes

Contes ‖ Et ‖ Nouvelles en ‖ Vers. ‖ de Monsieur de La Fontaine. ‖ Nouvelle édition enrichie de Tailles-Douces. ‖ Tome premier (ou second) ‖ Sur l'imprimé. ‖ A Amsterdam ‖ Chez Henry Desbordes, dans le Kalver ‖ Straat près le Dam ‖ M. D. CCI.

Deux vol. in-12 avec titres en caractères noirs. — 1er vol. Titre. 6 ff. n. pag., 236 pp. et 2 ff. n. pag., pour les tables. — 2e vol. Titre. 3 ff. n. pag., et 216 pp. — 1 portrait, 2 frontispices et 58 vign. en tête de pages.

Reproduction de l'édition de 1695 avec de nombreuses différences.
1er vol : On a ajouté en face du frontispice un portrait de La Fontaine, gravé par E. Desrochers.
Le titre est modifié comme caractères. La table de chacun des deux T est placée à la fin du 1er vol.
2e vol : Une des vignettes en tête de page a été déplacée : *L'oraison de Saint Julien* se trouve à la p. 111, page qui devrait contenir *Comment*

l'esprit vient aux filles, alors que cette dernière vignette occupe à tort la p. 35.

Toutes les vignettes en tête de pages, ainsi que le frontispice de chacun des deux volumes, sont des tirages fatigués de l'édition de 1695. Il en est de même du portrait, qui a été ajouté et qui est d'un tirage très défectueux.

1701
Desbordes

Contes || et Nouvelles || en Vers, || par Monsieur de La Fontaine. || Nouvelle édition corrigée, augmentée, et enrichie || de Tailles-Douces, dessinées || par Mʳ Romain de Hooge. || A Amsterdam || Chez Pierre Brunel, sur le Dam, || à la Bible d'or. || M. DCC. IX.

1709
Brunel

Deux vol. in-12, en un seul. — Tome 1ᵉʳ Titre caractères rouges et noirs, 6 ff. n. pag., et 236 pp. — Tome II. Titre en caractères noirs. 3 ff. n. pag., et 273 pp. 3 ff n. pag. pour la table. — 29 contes au T 1ᵉʳ et 40 au 2ᵉ. — C'est la première édition qui contienne 69 contes.

Réimpression modifiée de l'édition 1699 à laquelle on a ajouté 7 contes — *Le Contrat* — *Les Qui pro quo* — *La Couturière* — *Le Gascon* — *La Cruche* — *Promettre est un, et tenir est un autre* — *Le Rossignol*.

C'est la première édition complète comme gravures.

VIGNETTES. — 1 frontispice et 69 en tête de pages : Le frontispice est celui de 1699 retaillé ; le second plan et le fond sont couverts de contre-tailles, il est signé au M en B au dessus du TC, RDH Inrl.

Les vignettes sont celles de 1699 retaillées : pour un grand nombre les ombres sont renforcées et les fonds ont doubles traits de burin. Voir entre autres *le Mary confesseur*, *le Savetier*, *A femme avare*, etc. Les nouvelles planches, assez défectueuses, et à peu près de même taille, sont bordées du même double filet ; les personnages sont trop grands pour le cadre, et semblent un peu grotesques. Certaines planches sont signées : ainsi nous avons :

Le Contrat, sig. au M, RDH Inus — à D, W J *f.*

Les Qui Pro Quo, sig. sur la rampe du perron, R D H. Inu W J *f.*

La Couturière, sig. sur le banc comme ci-dessus.

Le Gascon, sig. à G, R D H Inu. — à D, W J. *f.*

La Cruche, sig. G, R D H Inu. à D, D Jonckman *j.*

Pro-mettre est un etc., sig. comme le Gascon.

Les || Contes || Et || Nouvelles || en Vers || de Monsieur de La Fontaine || Nouvelle édition, Revue corrigée et || enri-

1710
Desbordes

1710
Desbordes

chie de Tailles-Douces. ‖ Tome premier (ou second) ‖ sur l'imprimé. ‖ A Amsterdam, ‖ Chez Henry Desbordes , dans le Kalver- ‖ Straat, près le Dam. ‖ M. DCC. X.

Deux vol. in-12, souvent en 1 vol. — 1er vol. Titre, 1 f. n. pag. 228 pp. et 1 f. n. pag. pour la table. — 2e vol. Titre, 2 ff. n. pag. 222 pp. et 1 f. n. pag. pour la table. — 1 portrait, 2 frontispices et 58 vignettes en tête de pages.

Nouvelle édition faite sur celle de 1701, avec de nombreuses modifications.

T. 1er Le portrait et le frontispice sont plus pâles ; les vignettes sont retaillées et portent en II les indications de tomaison et de pag. qui s'accordent avec la pag. du volume. De la p. 206 à la p. 218 nous trouvons deux contes nouveaux sans vignettes : *Les deux Commères* et les *Nopces de Guillot*. Les en tête de pages, ornements typ. et les c de l. sont changés.

T. II. Frontispice plus pâle : titre modifié comme au 1er vol. Nous trouvons de la p. 218 à 222 deux contes nouveaux sans vign. *Les opilations de Silvie* et le *Duc d'Albe*. Quant aux vign. certaines sont plus pâles et semblent avoir été tirées sur les cuivres de 1701 ; d'autres sont retaillées.

1718
Brunel

Contes ‖ Et ‖ Nouvelles ‖ en vers, ‖ par Monsieur de La Fontaine. ‖ Nouvelle édition corrigée, augmentée, et enrichie ‖ de Tailles-Douces, dessinées ‖ Par Mr Romain de Hooge. ‖ Tome premier (ou second) ‖ A Amsterdam, ‖ Chez Pierre Brunel, sur le Dam, ‖ à la Bible d'Or. ‖ M. DCC. XVIII.

Deux vol. in-12 -- 1er vol. 6 ff. non pag. et 236 pp. — 2e vol. 3 ff. non pag. et 273 pp. et 3 pp. non pag. pour les 2 tables.

Mauvaise reproduction de l'édition 1709 avec certaines différences. Les en tête de pages, ornements typ. et les culs de lampe sont changés. Même nombre de vignettes en tête de pages que pour 1709, savoir : 29 et un frontispice pour le T. 1er, 40 pour le T. 2e. Toutefois ces vignettes tout en étant les mêmes, sont plus pâles de tirage, et, dans certains cas, les planches ont dû être regravées, surtout dans le 1er vol. voir pp. 1, 21, 42, 60, etc...

1718
Desbordes

Contes ‖ Et ‖ Nouvelles ‖ en vers ‖ do Mr de La Fontaine. ‖ Nouvelle édition ‖ Revue et augmentée de nouveau de

1718
Desbordes

plusieurs ‖ Contes du même auteur et autres de ‖ même
stile avec une dissertation ‖ sur la Joconde ‖ Tome premier (ou second). ‖ A Amsterdam, ‖ chez Henry Desbordes,
dans le Kalver- ‖ Straat, près le Dam, ‖ M. DCC. XVIII.

Deux vol. in-12 souvent en 1 vol. — 1er vol. Titre. Frontispice. Avertissement 8 pp. n. pag. Préface 3 pp. n. pag. Texte
des Contes p. 1 à 178. Dissertation p. 119 à 202. Table 2 pp.
n. pag. — 2e vol. Titre. Préface 6 pp. n. pag. Texte des contes
p. 1 à 225. — Table au verso de la p. 225.

C'est la première édition avec des gravures hors texte.
VIGNETTES. — 1 frontispice et 11 vignettes hors texte. Ces gravures
sans titre, sans sign. bordées d'un simple TC mesurent environ 113 H sur
69 L : elles portent en H au dessus du TC à G, Tom... : à D, Pag...

Ce sont des imitations des dessins de Romain de Hooge, modifiés
comme fonds et comme groupes, de façon à rentrer dans le cadre de l'édition.

T 1er. Frontispice : Imitation réduite de celui de Romain de Hooge : pas
de sign. planche bordée d'un TC doublé d'un filet : dimension au TC 113 H
sur 69 L. — Sur le soubassement à G, formant cartouche on lit : Contes ‖
de Monsieur ‖ de La ‖ Fontaine ‖ enrichi de taille douces ‖ A Amsterdam ‖ chez henri des borde.

Le Mary confesseur	Tom. 1 — Pag.	52 au lieu de 25.
La Gageure des trois commères	Tom. 1 — Pag.	40
La Matrone d'Ephése	Tom. 1 — Pag.	152
Sœur Jeanne	Tom. 1 — Pag.	176
Joconde	Tom. 1 — Pag.	179

Tome II. Les Cordeliers de Catalogne . . Tom. 2 — Pag. 18
L'Anneau d'Hans Karvel . . . . Tom. 2 — Pag. 46
Comment l'esprit vient aux filles Tom. 2 — Pag. 96
Les Lunettes . . . . Tom. 2 — Pag. 157
Le Faiseur d'oreilles . . . . . . Tom. 2 — Pag. 178
Le Rossignol . . . . Tom. 2 — Pag. 219

Nous avons des reproductions de ces vignettes en 1726, 1731 et dans une
édition postérieure dont nous ne connaissons pas la date.

Contes ‖ et ‖ Nouvelles ‖ en vers, ‖ par Monsieur de La Fontaine. ‖ Nouvelle édition corrigée, augmentée, et enrichie ‖
de Tailles-Douces, dessinées ‖ par Mr Romain de Hooge. ‖
Tome premier (ou second) ‖ A Amsterdam. ‖ Chez N.

1721
Lucas

1721
Lucas

Etienne Lucas, Libraire, ‖ dans le Beurst-Straat, près du Dam à la Bible d'Or ‖ — ‖ M. DCC. XXI.

Deux vol. in-12 souvent reliés en 1 vol. — 1er vol. Titre rouge et noir. 6 ff. n. pag., 236 pp. — 2e vol. titre noir 3 ff. n. pag. 273 pp. et 1 f. n. pag. pour la table.

C'est comme texte la réimpression modifiée de l'édition 1700: Lucas est devenu acquéreur des cuivres de Brunel.

Le titre du 1er vol. est changé comme adresse et comme fleuron, les chiffres enlacés de Lucas EL, ont remplacé ceux de Brunel.

Tous les culs de lampe sont différents.

VIGNETTES. — En ce qui concerne les vignettes : 1 frontisp. et 69 en tête de pages, les unes sont regravées à nouveau et les autres sont retaillées avec soin.

1726
Brunel

Contes ‖ et ‖ Nouvelles ‖ en vers, ‖ Par M^r de La Fontaine. ‖ Nouvelle édition ‖ revue et augmentée de nouveau de plusieurs contes ‖ du même auteur etc. ‖ Tome second ‖ A Amsterdam ‖ chez Pierre Brunel, sur le Dam — ‖ à la Bible d'Or. ‖ M. DCC. XXVI.

Mauvaise édition dont nous n'avons pu trouver que le 2e volume. — Titre. 4 pp. non pag. et 227 pp.

C'est la reproduction comme titre et vignettes de l'édition de 1718, chez Desbordes, le texte est changé ainsi que l'adresse du titre

Les vignettes sont semblables à celles de 1718, mais plus pâles : elles portent toutes la même pagination que précédemment.

> Les Cordeliers p 18, bien que la page correspondante du vol. porte 23.
> L'Anneau d'Hans Karvel p. 46.
> Comment l'esprit . . . . . p. 96.
> Les Lunettes . . . . p. 157.
> Le Faiseur d'oreilles. . . p. 178.
> Le Rossignol . . . . p. 219.

1726
Desbordes

Les ‖ Contes ‖ et ‖ Nouvelles ‖ en vers ‖ De Monsieur De La Fontaine ‖ Nouvelle Edition, revue corrigée ‖ et enrichie de Tailles Douces. ‖ Tome premier (ou second). ‖ A Ams-

terdam || chez Henri Desbordes, dans le Kalver — || Straat,
près le Dam || M. DCC. XXVI.

1726
Desbordes

Deux vol. in-12. — 1er vol. Titre. 4 ff. n. pag. 285 pp. et 1 f.
n. pag. — 2e vol. Titre. 2 ff. n. pag. et 325 pp. — 1 portrait, 2
frontispices et 58 vignettes en tête de pages.

Nouvelle édition faite sur celle de 1710 et modifiée.

1er vol : Le fleuron de titre est changé. Les vignettes portent en 11 des
indications de tomaison et de pagin. qui ne concordent pas avec la pagination du vol. mais qui s'accordent avec celle de 1710.

2e vol : Sur le frontispice la femme a au-dessus la tête une couronne
d'étoiles. Le fleuron de titre est changé. Même observation qu'au T. 1er
pour les vignettes. En plus des 2 contes qui figurent dans l'Édition de 1710
nous avons sans vignettes les 7 contes publiés par Brunel en 1709 et 2 contes
nouveaux *Le Tonnerre* et *Nabucodonosor*.

Contes || Et || Nouvelles || en vers, || par M. de La Fontaine. ||
Nouvelle Édition corrigée, augmentée et || enrichie de
Figures. || Tome premier (ou second). || A Amsterdam, || chez
N. Etienne Lucas, libraire, || dans le Beurst-Straat, à la
Bible d'or. || — || M. DCC. XXXI.

1731
Lucas

Deux vol. in-12. — 1er vol. Titre 8 ff. n. pag. 260 pp. et 1 f. n.
pag. pour la table. — 2e vol. Titre. 4 ff. n. pag. et 311 pp. —
1 frontispice et 15 vignettes hors texte.

Ainsi que cela a eu lieu pour les éditions illustrées d'en tête de pages
nous retrouvons ici les vignettes hors texte, qui de chez Desbordes sont
passées chez Brunel et de là chez Lucas.

En ce qui concerne les vignettes, c'est un nouveau tirage de l'édition
de 1726 auxquelles on a ajouté 4 pièces. Ces nouvelles compositions sont
également des copies de Romain de Hooge modifiées et adaptées à l'édition
nouvelle. Le texte est complètement différent, ainsi que les indications qui
figurent en 11 des planches. Frontispice celui de 1718.

TOME 1er *Page 1. Joconde* vignette de 113 11 sur 69 L — En 11 —
Tom. 1. — Pag. 1.

Page 33. Le Mari confesseur — 113 11 sur 69 : En 11 — Tom. 1. — Pag. 33.

Page 35. Le Savetier — 120 11 sur 71 L : — En 11 — Tom. 1. — Page 35.

Page 53. La Gageure des trois commères — 114 11 sur 69 L.— En 11.
Tom. 1. — Pag. 53.

Page 204. La Matrone d'Éphèse — 113 11 sur 70 L.— En 11. Tom. 1. Pag. 204.

Page 233. Alix Malade — 130 11 sur 70 L — En 11 — Tom. 1. — Page 233.

Cochin

Édition originale 1743-45

Reproductions : **1776, 1808**

Imitations : **1755, 1762, 1772, 1779**

~~~~~~~~~~

1743 et 1745 Contes ‖ Et ‖ Nouvelles ‖ en vers ‖ Par M. de La Fontaine, ‖ Tome premier (ou second) ‖ A Amsterdam. ‖ — ‖ M. DCC. XLIII.

Deux vol. in-12. — 1er vol. Faux-titre. Frontispice. Titre en deux couleurs avec fleuron. Préface 4 pp. n. pag. Vie de La Fontaine p. I n. pag. à XIV. Texte des contes p. 1 n. pag. à 200. Dissertation p. 201 à 224. Table 2 pp. n. pag. — 2e vol. Faux-titre. Titre avec fleuron différent. Préface 6 pp. n. pag. Texte des contes p. 1 n. pag. à 268. Table 2 pp. n. pag.

Les deux éditions de 1743 et 1745, sont identiques comme texte et comme vignettes; aussi est-ce peut-être avec raison que, dans son *Guide de l'Amateur de Livres, etc.* (colon. 305) Cohen les a réunies sous un même numéro. Certains exemplaires, reliés du temps, portent il est vrai 1743 au 1er vol. et 1745 au 2e : d'autres possèdent les deux titres : (Damascène Morgand, Bulletin mensuel n° 20, Février 1887.) Mais je dois faire remarquer que le tirage de 1745 semble moins fin, les planches plus fatiguées;
~~~~~~~~~~

que l'on trouve des exemplaires datés seulement de 1743 : (Bibl. Nat. et Bibliothèque de l'Arsenal, reliure en maroquin) et d'autres 1745.

VIGNETTES. — 1 frontispice gravé par Le Bas, 2 fleurons sur les titres, 1 en tête de page, La Fontaine écrivant, gravé par Fessard d'après Cochin et 69 vignettes en tête de pages dessinées par Cochin et gravées par Chedel, Fessard et Ravenet.

Ces vignettes bordées d'un T C mesurent 51 à 59 H sur 69 à 70 L : Aucune n'est signée. On rencontre parfois des tirages à part mais plus souvent des tirages en contre partie dont j'ignore la provenance.

Deux planches ont été gravées deux fois : *A femme avare galant escroc. On ne s'avise jamais de tout*. L'Éditeur a remplacé les vignettes de Cochin par des réductions des grandes planches gravées par Larmessin : on peut cependant se procurer les sujets de Cochin dont voici la description :

A femme avare galant escroc. La femme, de face, placée à G. furieuse, les poings fermés, tourne la tête à D. vers le galant qui lui parle : à D. le mari, de profil à D. est assis à son bureau et inscrit la somme d'argent rendue.

On ne s'avise jamais de tout. De la fenêtre d'une maison à G. une servante a vidé un plat sur une femme de face qui passait avec sa duègne : Une femme, de profil à D. l'invite à entrer dans la maison : par la porte entr'ouverte on aperçoit le galant.

En dehors des 69 vignettes placées chacune en tête d'un conte nous avons :

Frontispice.— Sur un fond de nuages, au 1ᵉʳ plan, un groupe d'amours porte un volume ouvert : sur la page de gauche on lit . Contes ǁ De La ǁ Fontaine. ǁ Au 2ᵉ plan, à D. une femme de face : à G. un groupe de trois femmes : au 3ᵉ plan, montant vers la droite, un personnage drapé, conduit par un amour, se dirige vers un temple à D. Dimension 130 H sur 81 L, bordée d'un T C : très souvent la planche est signée à D. à 1 m/m du T C Lebas *f*, : cette signature à la p. est très peu visible même dans les bonnes épreuves.

Fleuron du 1ᵉʳ vol. Vignette à claire voie sans sign. : 57 H sur 61 L : un amour, les mains pleines de fleurs, vole et se dirige vers deux amours dont l'un est assis au pied d'un arbre.

En tête de page, p. 1. Dans une bibliothèque, La Fontaine de 3/4 à G. est assis devant une table, une plume à la main et semble réfléchir.

Fleuron du 2ᵉ vol. Contre un fond de nuages, un amour couronne un second amour assis à terre, tandis qu'un troisième sur le nuage tire de l'arc.

Réédition 1776-1808.

Contes ǁ Et ǁ Nouvelles ǁ en vers ǁ de La Fontaine. ǁ Tome premier (ou second). ǁ A Amsterdam. ǁ — ǁ M. DCC. LXXVI.

Deux vol. in-12 souvent reliés en un vol. — 1ᵉʳ vol. Faux-

1776

titre pp. I n. pag. et II n. pag. Frontispice. Titre en noir pp. III n. pag. et IV n. pag. Préface p. V n. pag. à VIII. Vie de La Fontaine p. I à XIV. Table 2 pp. n. pag. Texte des contes p. I n. pag. à 206. Dissertation p. 207 à 231. — 2e vol. Faux-titre pp. I n. pag. et II n. pag. Titre pp. III n. pag. et IV n. pag. Texte des contes p. I n. pag. à 270. Table 2 pp. n. pag.

Réimpression de 1743-45 (voir p. 22) avec le frontispice, les 2 fleurons de titres et les 69 vignettes en tête de pages de Cochin. On a conservé ici les deux vignettes de Cochin qui, en 1743, ont été remplacées par les réductions de Larmessin. La plupart des cuivres ont été retouchés. Les culs de l. sur bois sont différents.

**1808
Duprat-
Duverger**

Contes || de || M. de La Fontaine ; || Nouvelle édition, || corrigée avec soin sur celle de 1669, || Enrichie pour la première fois de l'explication des termes du || vieux langage, || et ornée d'une Gravure en taille douce à la tête de chaque Conte. || Tome premier (ou Tome second). || A Paris, || chez L. Duprat-Duverger, || Rue des Grands Augustins, no 21. || M. DCCC. VIII.

Deux vol. in-12. — 1er vol. Faux-titre pp. I n. pag. et II n. pag. : au verso se trouve le détail du tirage d'une édition des fables de La Fontaine. Frontispice. Titre pp. III n. pag. et IV n. p. Préface p. V à VIII. Texte des contes p. I n. pag. à 214. Dissertation p. 215 n. pag. à 239 avec table au verso de la dernière page. — 2e vol. Faux-titre. Titre. Préface p. I n. pag. à VI. Texte des contes p. I n. pag. à 283 avec la table au verso de la dernière page.

On trouve des exemplaires sur papier ordinaire et sur papier vélin.

VIGNETTES. — 1 frontispice et 69 en tête de pages reproduction des planches de l'Edition 1776 retaillées ; on a supprimé la vignette représentant le portrait de La Fontaine. Les 69 vignettes sont toutes de Cochin, sans les changements opérés dans l'Edition de 1743, tome 1er pour les 2 pièces de Larmessin. Enfin ces en tête de pages sont placés de façon à laisser subsister au haut de la page le titre du conte, disposition qui n'existe pas dans l'édition de 1743.

Contes || Et || Nouvelles, || en vers, || par M. de La Fontaine. || **1755**
Nouvelle Edition, corrigée, augmentée, || et enrichie de
figures. || A Amsterdam || M DCC LV.

Trois vol. in-12. — 1er vol. Frontispice. Titre en deux couleurs. Avertissement 8 pp. n. pag. Préface 8 pp. n. pag.
Texte des contes p. 1 n. pag. à 238. Dissertation p. 239 à
260. Table 2 pp. — 2e vol. Titre. Texte des contes p. 1 à
311. Table p. 312 n. pag. — 3e vol. Titre. Avis du libraire
2 pp. n. pag. Table 4 pp. n. pag. Texte 384 pp. intitulé :
Suite || des Contes || Et || Nouvelles || par M. de La Fontaine ||
et autres Auteurs célèbres.

VIGNETTES. — 1 frontispice et 28 vignettes hors texte non signées :
compositions originales pour les 8 premières planches; imitation de Cochin
pour les autres.

Frontispice sans sign. : 121 H sur 72 au T C : en H A G. Tom. I : A D. F.
Dans une chambre, avec bibliothèque au fond, le buste de La Fontaine, A D.
placé sur une table : sur le socle du buste on lit : La || Fon || Tain || Ne ||. Sur
le même plan à G. une femme, de profil à D. relevant de la main droite
un rideau qui cache la fenêtre, saisit le bras d'un amour qui tient un
manuscrit à double feuille sur lequel on lit : Con || te || de la || Fontai ||.
L'amour de face semble implorer le secours de La Fontaine.

Les vignettes bordées d'un TC. doublé d'un filet formant cadre
mesurent environ 121 H sur 72 L : les planches portent en H A G. l'indication du tome (Tom......) et à D. celle de la page (Pag.....) : aucun titre ni
texte en bas de la gravure.

1er vol. Page 1 : *Joconde* 121 H sur 72 L. au T C — en H A G. Tom. I —
   à D. Pag. 1

Page 26 : *Le Cocu battu et content*	123 H sur 72 L. au T C.
Page 33 : *Le Mari confesseur*	122 H — 72 L.
Page 35 : *Le Savetier*	122 H — 70 L.
Page 48 : *La Servante justifiée*	120 H — 72 L.
Page 151 : *Le Faucon*	122 H — 73 L.
Page 163 : *Le Petit chien, etc.*	121 H — 72 L.
Page 194 : *Le Magnifique*	120 H — 72 L.
Page 201 : *La Matrone d'Éphèse*	121 H — 72 L.
Page 233 : *Alix malade*	121 H — 71 L.
Page 235 : *Sœur Jeanne*	121 H — 72 L.
2e vol. Page 1 : *Les Oyes de frere Philippe*	122 H — 73 L.
Page 19 : *Les Cordeliers de Catalogne*	122 H — 73 L.
Page 40 : *L'Oraison de Saint Julien*	122 H — 72 L.

1755

> Page 59 : *L'Hermite*   122 H sur 72 L.
> Page 69 : *Mazet de Lamporechio*   122 H — 71 L.
> Page 78 : *La Mandragore*   121 H — 71 L.
> Page 92 : *Les Rhemois*   122 H — 71 L.
> Page 102 : *La Courtisanne amoureuse* 122 H — 73 L.
> Page 116 : *Nicaise*   121 H — 71 L.
> Page 170 : *Le Pseautier*   122 H — 73 L.
> Page 219 : *Le Cuvier*   122 H — 73 L.
> Page 233 : *Le Remède*   122 H — 73 L.

Cette édition a été réimprimée en 1762-72 et 79.

1762

Contes ‖ Et ‖ Nouvelles ‖ en vers ‖ par M. de La Fontaine ‖ Nouvelle Édition, corrigée, augmentée, ‖ et enrichie de figures. ‖ A Amsterdam. ‖ Aux dépens de la Compagnie. ‖ M. DCC. LXII.

Trois vol. in-12.

Réimpression de 1755 avec titre et texte modifiés. Les vignettes sont semblables mais plus pâles.

1772

Contes ‖ Et ‖ Nouvelles ‖ en vers ‖ par M. de La Fontaine. ‖ Nouvelle Édition, ‖ corrigée, augmentée, ‖ et enrichie de figures. ‖ A Amsterdam ‖ Aux dépens de la Compagnie. ‖ M. DCC. LXXII.

Trois vol. in-12.

Édition semblable comme texte et vignettes à celle de 1762.

1779

Contes ‖ Et ‖ Nouvelles ‖ en vers ‖ par M. de La Fontaine, ‖ Nouvelle Édition, ‖ corrigée, augmentée et enrichie de figures. ‖ A Amsterdam, ‖ Aux dépens de la Compagnie. ‖ M. DCC. LXXIX.

Trois vol. gr. in-12.

Réimpression des éditions 1762 et 1772 avec les fig. imitées de Cochin.

Eisen

Édition originale dite « des Fermiers Généraux »

Reproductions et Imitations :
1764, 1767, 1777, 1778 (?), 1791-96, 1792, 1794-1796
1801, 1803, 1808, 1874

Avant d'examiner l'Édition illustrée dite *des Fermiers Généraux*, je crois devoir parler d'une Édition avec culs de lampe sur bois et sans doute sans figures, édition publiée sous la même date et qui semble être le véritable premier tirage de l'Édition des Contes de la Fontaine de 1762.

Contes || Et || Nouvelles || en Vers || par M. De La Fontaine || **1762**

Tom. I (ou II). A Amsterdam. || — || M. DCC. LXII.

Deux volumes in-8. — 1ᵉʳ vol. Faux-titre pp. I n. pag. et II n. pag.: le mot *Contes* est écrit en caractères de 8 ᵐ/ₘ de H. Titre pp. III n. pag. et IV n. pag. Vie de La Fontaine (sans titre) p. V à VIII. Préface p. IX à XIV. Faux-titre pour Joconde n. pag. Texte des contes p. 1 à 238. Dissertation p. 239 n. pag. à 268. Table 2 pp. n. pag. — 2ᵉ vol. Faux-titre. Titre pp. I n. pag. et II n. pag. Préface p. III n. pag. à VIII. Faux-titre pour les Oies n. pag. Texte des contes p. 1 à 306. Epitaphe p. 307 n. pag. Table 2 pp. n. pag.

Sur le titre de chacun des volumes nous avons un fleuron sur bois, à claire-voie, représentant une coquille debout avec fleurs et feuillages : sur la coquille à D ou lit : Papillon || inve. || et || Sculp. || 1761.

En tête du 1ᵉʳ conte de chaque volume se trouve une vignette

1762 à claire-voie sans sign.: au 1er vol. un amour ailé de profil
à D armé de l'arc et du carquois, à cheval sur un Pégase :
au fond à D. au delà d'une rivière on voit un temple rayonnant. Au 2e vol. un ornement typographique formé de rinceaux divers et cornes d'abondance garnies de fleurs.

Cohen dans son Manuel, Edition 1887, Col. 308, s'exprime ainsi à ce
sujet : « Il existe une autre édition des *Contes*, sous la date de 1762, d'un
« format un peu plus petit, où l'on a inséré les 80 figures d'Eisen, sans les
« culs de lampe de Choffard, qu'on trouve souvent en tirage à part. Il sem-
« blerait que ce soit un premier essai de l'Edition ci-dessous. » (Edition des
Fermiers Généraux.)

Au premier abord nous sommes ici en présence d'une édition des
Contes de La Fontaine, similaire à celle des Fermiers Généraux : édition
sans les culs de lampe de Choffard, mais avec des culs de lampe et fleurons sur
bois dessinés et gravés par Papillon. Après une comparaison sérieuse du
texte, nous constatons entre les deux éditions une ressemblance identique :
seules quelques imperfections du commencement du premier volume seront
plus tard corrigées. Ainsi pour le faux-titre, le mot *Contes* sera changé et
écrit en caractères plus fins, plus en rapport avec le reste du titre : Le
mot *Joconde* et les nos de pages, inscrits au haut des 16 premières pages,
seront également rendus plus légers.

Nous avons donc ici, je crois, un tirage restreint, un tirage d'essai de
l'Edition des Fermiers Généraux.

Mais cette question une fois réglée pour le texte, que doit-on penser
des gravures ? Les rares exemplaires que l'on rencontre contiennent-ils les
premiers tirages des planches d'Eisen ?

Je ne le crois pas.

Pour moi ces premiers exemplaires, tirage d'essai, ont été abandonnés
on doit en trouver sans figures. Lorsque Plassan est devenu plus tard
propriétaire des cuivres d'Eisen et d'environ 1900 collections complètes de
ces vignettes, il est sans doute également devenu acquéreur de ces exemplaires rebutés ; c'est alors que, pour en faciliter la vente, il y a intercalé des
suites de gravures, *ancien tirage* et des culs de lampe en tirage à part,
tirage 1792. Et en effet, dans ces exemplaires, rares je le répète, que
trouve-t-on ? La suite complète des vignettes d'Eisen, augmentée d'un
certain nombre de refusées : mais ces vignettes ne sont pas d'un tirage
homogène, pouvant faire supposer que les 1ers tirages des planches ont été
choisis pour ces 1ers exemplaires ; les deux portraits sont faibles, comme
dans beaucoup d'exemplaires de la véritable édition ; les pièces refusées se
rencontrent également dans des exemplaires de 1792 : enfin les tirages à
part des culs de lampe de Choffard, ne sont qu'un nouveau tirage de ces
planches, tirage exécuté par Plassan.

C'est sur ce point que j'appelle l'attention des amateurs. Je ne parlerai
pas de la pâleur du tirage, ni de l'usure probable des planches, je signalerai

1762

seulement le cul de lampe placé à la fin du Tome 1er. Il représente un médaillon ovale, entouré de guirlandes de fleurs se rattachant à une sorte de cartouche, sur lequel sont inscrits les mots : *Fin du Tome Premier*. Or ces mots sont écrits en caractères plus gros que ceux qui figurent dans l'édition des Fermiers Généraux et ils sont semblables à ceux de l'édition 1762.

Ce qui précède ne nuit en rien à la valeur incontestable de ces exemplaires curieux ; le texte est intéressant pour le bibliophile, et d'autre part, il prouve à l'iconophile que Plassan a fait de nouveaux tirages des culs de lampe de Choffard.

Contes ‖ Et ‖ Nouvelles ‖ en vers, ‖ par M. de La Fontaine. ‖ A Amsterdam ‖ — ‖ M. DCC. LXII.

1762
Fermiers
Généraux.

Deux vol. in-8. — 1er vol. Faux-titre pp. I n. pag. et II n. pag.: le mot *Contes* a 6 m/m au T. Portrait de la Fontaine. Titre pp. III n. pag. et IV n. pag., avec un fleuron de Choffard au centre. Vie de La Fontaine (sans titre) p. V à VIII. Préface p. IX n. pag. à XIV. Faux-titre pour Joconde avec fleuron sur le recto. Texte des Contes p. 1 n. pag. à 238. Dissertation p. 239 n. pag. à 268. Table 2 pp. n. pag. — 2e vol. Faux-titre. Portrait d'Eisen. Titre pp. 1 n. pag. et II n. pag. avec fleuron au centre. Préface p. III n. pag. à VIII. Faux-titre pour les Oies avec fleuron au recto. Texte des contes p. 1 n. pag. à 306. Epitaphe p. 307 n. pag. Table pp. 308 n. pag. et 309, verso blanc.

Nous voici arrivés à l'une des Éditions les plus recherchées du XVIIIe siècle, surtout lorsqu'elle est soignée comme reliure, à l'édition des Contes de La Fontaine si connue sous le nom d'*Édition des Fermiers Généraux*.

Je n'entreprendrai pas ici l'historique de cet ouvrage ni l'énumération des exemplaires connus ; les renseignements publiés à ce sujet dans le *Guide de l'Amateur de Livres*, etc... de Cohen, revu par le Baron Roger Portalis, sont assez précis et assez complets pour satisfaire les amateurs les plus exigeants ; je me contenterai d'examiner cette édition au point de vue de l'Iconophile.

Chaque conte commence au recto d'une page, par suite on a souvent un titre spécial imprimé sur le verso de la feuille précédente. Cette feuille, dont le verso porte le titre, est, quant au recto, tantôt sans texte, tantôt avec texte et fleuron, suivant l'importance du conte précédent ; souvent ce titre spécial est supprimé. Voir *Le Cocu, Le Paysan qui avait offensé..., Le Muletier*, etc.

L'ouvrage comprend comme gravures :
1 portrait de La Fontaine gravé par Ficquet d'après Rigault en tête du

1er volume. — 1 portrait d'Eisen gravé par Ficquet d'après Vespré en tête du 2e volume. — 80 figures pour les contes dessinées par Eisen et gravées par Aliamet, Baquoy, Choffard, Delafosse, Flipart, Le Mire, Le Veau, De Longueil et Ouvrier. — 2 fleurons de titre. — 2 fleurons, 2 en tête de pages et 51 culs de lampe dessinés et gravés par Choffard; le dernier cul de lampe représente le portrait de Choffard dessiné et gravé par lui-même.

Les figures mesurent 97 à 100 H sur 59 à 62 L environ : elles sont entourées d'un cadre mouluré du 3 à 4 m/m d'épaisseur et ne portent aucun titre ; elles sont presque toutes signées à la pointe sur la planche, par le graveur, et celles dont la signature manque, se trouvent signées à la pointe en dehors du cadre dans les épreuves d'état.

On rencontre pour ces vignettes, en dehors des planches ordinaires, des eaux-fortes, des épreuves signées à la pointe en dehors du cadre, sortes d'avant lettre, et des épreuves d'état. Je ne crois pas que l'on ait pu réunir les 80 planches en eaux-fortes et avant lettre.

En dehors de ces états spéciaux, nous avons :

1°. 6 planches dites *découvertes*. Les sujets ayant semblé un peu trop légers, on a dû en *couvrir* les nudités sans changer la composition. *Le cas de Conscience* — *Le Diable de Papefiguière* — *Les Lunettes* — *Le Bât* — *Richard Minutolo* — *Le Rossignol* (épreuve dite à l'état brillant).

2°. 19 planches dites *refusées*. Parmi ces *refusées* se trouvent 2 pièces jugées trop légères (*La Servante justifiée* — *Le Tableau*), dont les sujets ont été complètement modifiés et 17 pièces qui ont été trouvées d'une exécution défectueuse ; en général dans la composition les personnages sont d'un format plus petit. Tome Ier — *Le Savetier* — *La Gageure des trois Commères* (2e gr.) — *Le Calendrier des Vieillards*. — *A Femme avare galant escroc* — *On ne s'avise jamais de tout* — *La Coupe enchantée* — *Le Petit chien qui secoue des pierreries*. — *La Clochette* — *Le Juge de Mesle* — *Sœur Jeanne*. Tome IIe — *Les Oies de frère Philippe* — *L'Oraison de Saint-Julien* — *Les Rémois* — *Comment l'Esprit vient aux filles* — *Le Diable en enfer* — *Le Contrat* — *Le Rossignol*.

Cohen signale en plus *Le Gascon puni* — *Le Pâté d'anguille* — *Le Berceau* — *Mazet* — *La Mandragore* : je n'ai pu les contrôler, et je doute de leur existence sauf en ce qui concerne la première planche que j'ai classée dans le n° 5.

3°. 2 planches gravées par deux graveurs différents : *Le Cocu battu et content* — *Les Cordeliers de Catalogne*.

4°. 4 planches auxquelles il manque un ornement ou un objet : *Alie malade* (sans parquet ni ornement aux rideaux et au lit) — *2e Imitation d'Anacréon* (sans la flèche) — *Féronde* (avec le bonnet) — *Le Remède* (avant le parquet et les ornements sur les rideaux).

5°. Enfin des planches dessinées par Eisen, mais qui ont dû être refusées lors de l'examen du dessin ; elles représentent soit les mêmes compositions que celles des Fermiers, mais en format différent, soit des sujets similaires, ces planches portent en dessous du titre *à Paris chez Basan*. Lorsqu'on les rencontre sans titre ni adresse on les joints aux refusées des Fermiers Généraux. J'ai cru devoir les classer dans une série spéciale dont je donnerai le détail séparément à la fin de l'Édition.

Je n'ai plus à parler que des culs de lampe de Choffard qui sont presque tous signés et datés : on les rencontre assez rarement en tirage à part et dans ce cas le cul de lampe de la fin du T. 1er doit être sans texte en exergue. Les eaux-fortes de cette suite sont très rares et n'ont pas dû faire l'objet d'un tirage régulier. Je dois rappeler aux amateurs que Plassan a également exécuté un nouveau tirage de ces culs de lampe; ils sont alors au nombre de 52. L'un d'eux qui représente le tombeau de La Fontaine (un amour couché au pied d'un mausolée portant l'inscription Ci-gît || J. La || Fontaine || 1695 || devait être placé à la fin de la Vie de La Fontaine T. 1er p. VIII : il ne figure pas dans l'édition de 1762 mais on le trouve dans celle de 1792.

Le cul de lampe représentant le portrait de Choffard se rencontre en plusieurs états (Voir plus loin) et dans les bons exemplaires de 1762, ce portrait doit être avant les tailles sur l'exergue du médaillon.

Grâce à l'obligeance de M. E. Picot, j'ai eu la bonne fortune de pouvoir examiner à mon aise l'exemplaire bien connu de Renouard, qui existe dans la bibliothèque de feu Mr le baron James de Rotshchild et qui m'a servi de type pour la description des planches.

Portrait de La Fontaine gravé par Ficquet d'après Rigault : La Fontaine à mi-corps, tête 3/4 à D. : Cadre à bordure ovale de 7 m/m présentant une gorge plate bordée de deux filets égaux : il s'enlève sur un fond architectural offrant à sa partie inférieure un soubassement en relief, divisé en trois parties : celle du milieu forme un cartouche rentrant, sur lequel on lit : Jean de La Fontaine, || de l'Académie Française. || Le tout est bordé d'un T C et entouré d'un cadre moulure de 3 m/m d'épaisseur. Dimension totale 100 H sur 69 L.

Sign. gravées à 1 m/m de la bordure : à G. Hyacinthe Rigault-Pinx — à D. Ficquet Sculp.

Etats : Avant lettre, bien terminé : simple T C.

    Avec lettre, sans cadre.

    Avant lettre, avec triple trait formant cadre.

    Avec lettre, avec cadre moulure; lettre rétablie celui décrit.

Fleuron du titre signé PP. Choffard fecit 1762 : Il représente une lyre surmontée d'une couronne rayonnante et placée entre une branche de fleurs et une branche de myrthe réunies dans deux couronnes nouées par un ruban.

    Eau-forte n. sign.

Fleuron du faux-titre de *Joconde* : le recto contient un fleuron représentant un satyre de 3/4 à G. tête à D. assis sur des nuages et soulevant un rideau qui cache des colombes. Sig. PP. Choffard fecit 1762.

    Eau-forte n. sig.

Page 1, **Joconde** n° **1** (*Le départ*) — 90 H sur 62 L — cadre 4. — sign. à la

p. contre la jambe de Joconde à 13 m/m du cadre — N. Le Mire || f. 1761. ||

Le roi, de face, tête de profil à G.; le bras droit est posé sur une cheminée placée à G.; une glace au-dessus de la cheminée reflète son image : un courtisan profil à G. salue le roi : Au fond, courtisans et gardes.

Eau-forte n. sign.

En tête de page de Joconde p. 1, à claire-voie sign. à D. PP. Choffard sculpsit : Un amour étendu de G. à D. sur des nuages et semblant regarder la terre

Eau-forte n. sign.

Etat. — L'épreuve terminée, tirage à part, signée comme ci-dessus : au dessous se trouvent deux portraits ovales de La Fontaine : l'un gravé par Dupréel, l'autre par Gaucher.

Page 5, **Joconde n° 2** (*Scène du valet*) — 99 H sur 61 L. — cadre 4 — sign. vers la G. sous la table à 5 m/m du TC. N Le Mire f 1762.

Joconde de profil à G.; il voit étendue, sur le lit placé à G. sa femme auprès d'un valet.

Eau-forte même signature.

Page 11, **Joconde n° 3** (*Scène du fou*) — 98 H sur 60 L · cadre 3 1/2 — sign. au-dessus du TC. à D. De Longueil s. 1762.

La reine à demi étendue de 3/4 à D, caresse le menton du fou assis à côté d'elle.

Eau-forte n. sign.

Page 20, **Joconde n° 4** (*La récompense*) — 99 H sur 61 L. — cadre 3 sur côtés sign. contre le TC. au M. N. Le Mire sculp. 1761.

La fille à D. de profil à G. reçoit à genoux les cadeaux des deux seigneurs de 3/4 à D.

Eau-forte n. sign.

— Cul de l. sign. p. 22.

Page 23, **Le Cocu battu et content** (*Planche ordinaire*) — 99 H sur 61 L. — cadre 3 1/2 les côtés — sign. au M. à 8 m/m du TC. de Longueil sc.

Le mari déguisé en femme se sauve de profil à G. poursuivi par le jeune homme, maison à G.

Eau-forte n. sign.

Pièce refusée n° 3 — Même composition, fonds plus clairs : — Nuages plus dessinés avec un croissant de lune plus visible : sur le 1er plan à D. le long du fossé, des touffes d'herbes.

97 1/2 H sur 62 L — cadre 3. — Sign. à 6 m/m du TC. obliquement Leveau.

— Cul de l. sign. 1761 p. 29.

Page 31, **Le Mari confesseur** — 98 H sur 60 L — cadre 4 — Sign. à D. contre le TC. de Longueil.

Le mari est assis dans le confessionnal de profil à D.

Eau-forte en deux états : n. sign.: l'une très avancée.

Page 33, **Le Savetier** (*Planche ordinaire*) — 98 H sur 62 L — cadre 3 — n. sign.

Le galant au M. vu de dos, est assis sur une chaise et penché vers la femme : celle-ci de face, tête de profil à H. tend un papier à son mari qui entre à G. de profil à D. soulevant un rideau.

Eau-forte n. sign.

Pièce refusée n° 2 — (*Composition différente*) — 96 1/2 H. — 69 L — cadre 3 1/2 — n. sign.

Le galant assis à G. de profil à D. tient la femme debout contre lui : celle-ci de face, tête de profil à D. tend un papier à son mari qui entre au fond à D. de face, en soulevant un rideau.

Eau-forte.

— Cul de l. sign. 1761 p. 35 et eau-forte n. sign.

Page 35, **Le Paysan qui avait offensé son Seigneur** — 98 H sur 61 L — cadre 3. — Sign. à G. contre le TC. PP. Choffard sculp. 1761.

Le seigneur de profil à G. assis devant une table : Le paysan à genoux contre la table de profil perdu à D.

Eau-forte n. sign.

— Gr. Cul de l. sign. et dat. p. 39.

Page 41, **Le Muletier** — 98 H sur 62 L — cadre 4 et 4 1/2 à G — sig. à G contre le soubassement De Lafosse seul.

Le seigneur à G. debout de profil à D. caressant de la main son menton, regarde les muletiers placés devant lui de profil à G.

Eau-forte n. sign.

— Petit Cul de l. sign. et dat p. 46.

Page 47, **La Servante justifiée** — (*Planche ordinaire*) — 97 H sur 60 1/2 L — cadre 4 — Sign. vers la G. contre le pied de la servante à 8 m/m du TC. N. Le Mire *f.* 1761.

La servante de face, tête de profil à G. semble assise à terre ; penché sur elle, de profil à D. le mari l'embrasse : une voisine ouvrant la fenêtre d'une maison placée à D. voit la scène.

Eau-forte sign. comme ci-dessus.

Pièce refusée n° 2 — (*Composition différente*) non signée — 97 H sur 61 L — cadre 4.

Le mari a la main placée..... plus bas que la poitrine : les fonds sont changés et la femme ouvrant la fenêtre est vue de face, dans une maison placée plus au fond.

Eau-forte très avancée n. sign.

— Gr. Cul de l. sign. et dat. p. 52.

Page 53, **La Gageure des trois Commères** n° 1 — 90 H sur 62 L — cadre 3 1/2. — Sign. à D. contre le TC. de Longueil.

Les trois femmes à table : celle de D. de profil à G. tient une bouteille : celle de G. de 3/4 à D. tend son verre.

Eau-forte n. sign.

1762
**Fermiers
Généraux.**

1762
Fermiers
Généraux.

Page 55, **La Gageure des trois Commères** n° **2** (*La Servante, Planche ordinaire*) — 97 H sur 60 L. — Cadre mal fait 3 1/2 — n. sign.

Le mari couché de profil à D. se tourne vers sa femme, de face, qui chasse la servante de profil à G.

Eau-forte n. sign.

Pièce refusée n° *2* (*Composition différente*) — 96 1/2 H sur 61 L. — cadre 2 1/2. — sign. en dehors du cadre, à la pointe, à G. C. Eisen. *inv.*

— à D. Lempereur *sculp.*

Le lit dans une alcove est placé à D.; la servante de face est chassée par la femme de face qui tourne la tête vers son mari.

Eau-forte n. sign.

Page 58 ou 60, **La Gageure,** etc., n° 3 (*Le Poirier enchanté*) — 99 H sur 62 L. — cadre 3 1/2. — Sign. contre le pied de la femme à G. du TC. N Le Mire *f* 1762.

Le mari montant sur le poirier est placé à D. presque de face : la femme est assise à G. 3/4 D.

Eau-forte sign. comme ci-dessus.

Eau-forte en contre partie.

Page 65, **La Gageure,** etc. n° 4. — 99 H sur 60 L. — cadre 3 1/2 — sign. à G. contre le TC. De Longueil *sculp.*

Le mari entrant armé d'une hallebarde est de profil à D.: l'homme à genoux est de profil à G.

Eau-forte n. sign.

— Cul de l. sign. et dat. p. 67.

Page 69, **Le Calendrier des Vieillards** (*Planche ordinaire*) — 99 H sur 63 L. — Cadre 3 1/2. — n. sign.

Le mari voûté de profil à D. : la femme de face ouvre une porte à D. : au fond le corsaire regarde par une fenêtre.

Eau-forte n. sign.

Pièce refusée n° *2* (*Composition différente*) — 99 H sur 61 L. — cadre 2 1/2 sur les côtés, n. sign.

Le principal sujet est retourné : les fonds différents : à G, par la porte que la femme tient entr'ouverte on aperçoit un groupe de corsaires.

La même Eau-forte très avancée sign. à G. Eisen inv. — à D. C. Baquoy sculp. — Avant les contre-tailles sur les cintres des fenêtres et sur le groupe de Turcs.

— Gr. Cul de l. sign. et dat. p. 79.

Page 81, **A Femme avare galant escroc** (*Planche ordinaire*) — 98 H sur 60 1/2 L — cadre 3 1/2 — Sig. à D. obliquement à 1 1/2 du TC. N. Le Mire 1761.

Le mari assis feuillette un registre : corps 3/4 à G. tête tournée vers le galant : celui-ci 3/4 à G : la femme au fond à G. profil à D.

Eau-forte n. sign.

Pièce refusée n° 3 (*Composition différente*) — 97 H sur 61 L. — cadra 3 — sign. à la p. en dehors du cadre, à G. C. Eisen inv. — à D. Gaillard scul.

Le mari assis de profil à G. écoute et regarde devant lui le galant 3/4 à D. : la femme au fond à D. de face.

Page 85, **On ne s'avise jamais de tout** (*Planche ordinaire*) — 98 1/2 H sur 62 L. — cadre 3 1/2 — n. sign.

Une servante de profil à D. sur les marche d'une porte, invite une femme de qualité à entrer dans la maison. D'une fenêtre à G. une femme verse le contenu d'une manne : — deux femmes à G.

Eau-forte n. sign.

Pièce refusée n° 2 (*Composition différente*) — 97 1/2 H sur 61 L. — cadre 3 — n. sign.

Les fonds changés. La servante de face comme la femme de qualité, entraîne celle-ci à l'intérieur de la maison. Par la porte ouverte on entrevoit le galant : La servante de face à la fenêtre a vidé sa manne.

La même, sign. à la p. en dehors du cadre, à G. C. Eisen inv. à D. Lempereur.

Eau-forte n. sign.

— Petit Cul de l. sign. et dat. p. 86.

Page 87, **Le Gascon puni** — 98 H sur 61 L — cadre 4 — sign. à D. à 2 m/m TC. très peu visible — Le Mire scul. || 1761.

Dans un lit à G. le Gascon assis de face : La femme sortant du lit 3/4 à D. tête 3/4 à G.

Eau-forte n. sign.

Voir plus loin pour la refusée au n° 5.

— Cul de l. sign. et dat. p. 91.

Page 93, **La Fiancée du roi de Garbe** (*Le Rocher*) — 98 H — 61 L. — cadre 3 — sign. sur le bord de la cassette : Aliamet scul.

Alincel sur le dos d'Hispal de profil à G. nagent et abordent sur un rocher traînant la cassette.

Eau-forte n. sign.

Page 103, **La Fiancée...** (*La Grotte*) — 9. H sur 60 L. — cadre 3 sur les côtés — sign. vers la G. à 3 m/m du TC. Aliamet.

Alincel et Hispal assis dans la grotte — la femme de profil à D. l'homme de face.

La même sign. à la p. en dehors du cadre à D. J. Aliamet Scul.

Eau-forte (*très avancée*) sign. comme l'épr. ord.

Page 117, **La Fiancée** n° 3 — 100 H sur 62 L. — cadre 3 — n. sign.

Le Galant entraîne l'infante de D. à G. — Une femme 3/4 à D. sort du pavillon à D.

Eau-forte n. sign.

— Gr. Cul. de l. sign. et dat. p. 125.

Page 127, **La Coupe enchantée** (*Planche ordinaire*) — 98 H sur 61 — cadre 3 1/2 — sign. à G. à 1 m/m du TC. De Lafosse Scu.

1762
**Fermiers
Généraux.**

1762 Fermiers Généraux.

Des seigneurs autour d'une table servie : de face un laquais emplit une coupe et la présente à G. à Regnault qui la repousse.

Eau-forte sign. comme l'épr. ord.

Pièce refusée n° 2 (*Composition différente*) — 99 H sur 61 1/2 L. — cadre 3 — n. sign.

Nérie, de face, est placée près d'une table ; Damon à G. de 3/4 à D. boit à une coupe dont le contenu coule à terre.

La même, le liquide renversé passe sur la main du buveur ; le tapis de la table est modifié, le corsage de la femme sans ornements, les bras sans bracelet, etc.

— Cul de l. sign. et dat. p. 145.

Page 147, **Le Faucon** n° **1** — 99 H sur 62 L. — cadre 3 — sign. à la base de la tribune à G. De Lafosse.

Un tournoi : à G. sur une tribune, une femme de profil à D. regarde et montre les combattants.

Eau-forte sign. comme l'épr. ord.

Page 157, **Le Faucon** n° **2** — 97 H sur 61 L. — cadre 3 — n. sign.

Le jeune homme de profil à D. assis devant une table, baise la main que lui tend une femme, de 3/4 à G. debout de l'autre côté de la table.

La même sign. à la p. en dehors du cadre, à G. C. Eisen inv., à D. C. Baquoy sculp.

Eau-forte sign. comme l'épr. ord.

Page 159, **Le Petit chien qui secoue des pierreries** n° **1** (*Planche ordinaire*) — 98 H sur 61 1/2 L. — cadre 4 — sign. au M. contre le TC. De Longueil sc.

Devant un lit, sur lequel une femme, étendue de D. à G. parle à l'oreille d'un pèlerin de profil à G. Une vieille servante, accroupie de profil à D. tient la patte que lui donne un chien de profil à G.

Eau-forte n. sign.

Pièce refusée n° 2 (*Composition différente*) — 98 H sur 62 L. — cadre 3 — sign. au M. contre le chien à 9 m/m du TC. Prevost seul.

Lit et fonds moins ornementés — Personnages plus petits — Le pèlerin est de profil perdu — La vieille servante accroupie caresse le chien qui est de profil à D.

La même sans sign. sur la planche, mais sign. en dehors du cadre, à G. Ch. Eisen inv. et del. à D. B. L. Prevost sculp.

Eau-forte sign. comme l'épr. ord.

Page 175, **Le Petit chien... etc...** n° **2** — 98 H sur 62 L. — cadre 3 1/2 — sign. à D. contre le TC. De Longueil sc 1761.

Le mari de 3/4 à G. Anselme se prosterne à ses pieds de profil à D.

Eau-forte n. sign.

— Cul de l. dat. et sign. p. 180.

Page 186, **Pâté d'Anguille** — 97 1/2 sur 60 1/2 L — cadre 3 — Sign. à D. à 4 m/m du T C N. Le Mire sculp. || 1759.

Dans une cuisine deux personnages de chaque côté d'une table : l'un à G. debout, de profil à D. l'autre à D. de profil à G. est incliné sur la table.

La même sign. en dehors du cadre, à G. Ch. Eisen Inv., à D. N. Le Mire sculp.

Eau-forte sign. comme l'épr. ordi.

Page 187, **Le Magnifique** — 99 H sur 61 L — cadre 3 1/2 — sign. contre les pieds du galant, à 9 m/m du T C. N. LeMire f 1761.

Sur le second plan un galant, de face, fait la cour à une femme de 3/4 à G. placée au 1er plan. Au fond à G. un homme de 3/4 à D. accoudé sur une table contemple la scène.

2 états d'eau-forte n. sign.

Cul de l. sign. et dat. et eau-forte n. sign. p. 195.

Page 188, **La Matrone d'Ephèse** — 98 H sur 61 L — cadre 3 — n. sign.

Trois personnages transportent un corps : le soldat de profil à D ; la servante de profil perdu à G ; la maîtresse de face. Au fond une potence.

Eau-forte n. sign.

Page 203, **Belphegor** — 98 H sur 61 L — cadre 3 — n. sign.

Sur une place publique en fête : la femme évanouie est de profil à D. entourée de populace et de soldats qui la regardent.

Eau-forte n. sign.

Page 220, **La Clochette** (*Planche ordinaire*) 92 1/2 H sur 62 — cadre 3 1/2 — n. sign.

Dans un bois, le galant de profil à D. le corps incliné de façon à laisser voir la tête de la vache entre son épaule et le cadre, s'élance vers Isabeau. Celle-ci nu-tête, s'enfuit, la jambe droite en avant.

Eau-forte n. sign.

Pièce refusée no 2 (*Composition différente*) — 97 1/2 H sur 61 L — cadre 3 à 3 1/2 — n. sign.

Les fonds plus touffus : le galant moins incliné semble implorer Isabeau. Celle-ci s'enfuit la jambe gauche en avant : elle a un ruban au cou et la tête couverte d'un chapeau.

La même sans ruban au cou.

Petit Cul de l. n. sign. p. 221.

Page 223, **Le Glouton** — 100 H sur 62 1/2 — cadre 3 — n. sign.

Le Glouton assis 3 1/4 à D. devant une table couverte de mets : à G. plusieurs personnages dont une servante à genoux lui présente.... un remède.

La même avant les contre-tailles sur la porte à D. sur les 3 pers à G. et sur la partie que présente le glouton.

Eau-forte n. sign.

— Cul de l. sig. et dat. p. 223 n. pag.

1762
Fermiers
Généraux

Page 225, **Les deux Amis** — 99 H sur 61 L — cadre 3 — n. sign.

Une fillette de face, placée entre les deux seigneurs. Celui de G assis de profil à D. celui de D. debout de profil à G.

La même sign. en dehors du cadre à la p. à G. C[le] Eisen invenit 1761 à D. J. Aliamet sculsit.

Deux états d'eau-forte n. sign.

— Cul de l. sign. dat. p. 225 n. pag. et eau-forte n. sign.

Page 227, **Le Juge de Mesle** (*Planche ordinaire*) — 100 1/2 H sur 61 1/2 L — cadre 3 1/2 — sign. à G. entre le TC. et le cadre JJ. Flipart sc.

Le Juge assis de 3/4 à G. présente les pailles à deux avocats placés à G. l'un de face, l'autre de profil à D. Au 1er plan avocats vus de dos.

Eau-forte n. sign.

Pièce refusée n° 2 (Composition différente) — 96 H sur 60 L — cadre 3 — n. sign.

Dans une chambre à tenture fleurdelisée, le juge est de face, debout entre les deux avocats auxquels il présente la paille.

La même, les fonds avec une taille sous le baldaquin au lieu de deux et deux tailles au lieu de trois sur les côtés.

— Cul de l. sign. et dat. p. 227 n. pag. et eau-forte n. sign.

Page 229, **Alix malade** (*Planche ordinaire*) — 97 1/2 H sur 62 1/2 L — cadre 3 — sign. à G. à 2 m/m du TC. Le Veau s.

Alix étendue dans son lit de G. à D. A G. le médecin qui lui tâte le pouls de profil à D.

La même, n° 4 : ornements sur les rideaux, sur le couvre-pieds; le parquet dessiné.

Eau-forte en contre partie n. sign.

— Cul de l. sign. dat. p. 229 n. pag. et eau-forte n. sign.

Page 231, **Le Baiser rendu** — 97 H sur 61 1/2 L — cadre 3 — n. sign.
Guillot de profil à D. embrasse la femme du gentilhomme.
La même sign. en dehors du cadre, à D. A. Ouvrier seul.
Eau-forte n. sign.
— Cul de l. sign. dat. p 231 n. p.

Page 233, **Sœur Jeanne** (*Planche ordinaire*) — 98 H sur 62 L — cadre 3 1/2 — n. sign.
Plusieurs sœurs presque de face se montrent Sœur Jeanne de profil à D. à genoux sur la marche d'un prie-Dieu.
Eau-forte n. sign.
Pièce refusée n° 2 (Composition différente) — 97 H sur 61 1/2 L — cadre 3 — n. sign.

Au fond les sœurs semblent entrer dans l'oratoire : elles ont trois marches à descendre. Sœur Jeanne est inclinée sur un prie-Dieu surélevé de deux marches.

1762
Fermiers
Généraux

La même sign. à la p. en dehors du cadre, à G. Ch. Eisen inv : à D.
C. Baquoy sculp.

— Cul de l. sign. et dat. p. 233 n. pag.

Page 235, **Imitation d'Anacréon** — 97 H sur 60 L — cadre 3 —
n. sign.

Le peintre de 3/4 à G. assis devant son chevalet : au fond un personnage de face lui fait l'éloge d'Iris.

La même sign. à la p. en dehors du cadre à G. C. Eisen inv. — à D. L. Lempereur sculp.

Eau-forte n. sign.

— Cul de l. sign. et dat. p. 235 n. pag. et eau-forte n. sign.

Page 237, **Autre Imitation d'Anacréon** — 97 H sur 61 L — cadre 3 —
sign. à D. à 3 m/m du TC. N. Le Mire || 1759.

Le personnage assis de face reçoit la flèche de D. à G. et l'amour s'envole vers la D.

La même, n° 1 sans la flèche.

La même sign. à la p. à 3 m/m en dehors du cadre à G. Ch Eisen inv :
à D. N. Le Mire sculp.

Eau forte sign. comme l'épr. ord. et sans la flèche.

— Cul de l. p. 268 : il représente un cartouche de 6 H sur 55 L auquel
est suspendu un médaillon gravé, retenu par des rubans et des guirlandes
de fleurs : sur le cartouche on lit *Fin du Tome Premier* — Les caractères
ont au P. 1 1/2 m/m.

TOME SECOND. — *Portrait* d'Eisen gravé par Ficquet d'après
Vespré. Ce portrait est dans le même style que celui du Tome Ier — Eisen
à mi corps de 3/4 à droi : entouré d'un cadre ovale de 7 m/m d'épaisseur.

Cet ovale s'enlève su : un fond architectural rectangulaire, offrant à sa
partie inférieure, un soubassement en relief divisé en trois parties : celle du
M. forme un cartouche rentrant sur lequel on lit :

Charles Eisen || Peintre, Dessinateur du Roy, Professeur de || l'Académie de St-Luc et associé de celle des || Sciences, Belles Lettres et Arts de
Rouen.

L'ensemble du portrait, bordé d'un TC. entouré d'un cadre mouluré
de 3 m/m d'épaisseur mesure au total 112 H sur 71 L; il est sign. gravé à G
Vispré pinx — à D. E. Ficquet sculp 1761.

Eau-forte très avancée — Les cheveux sont laissés blancs : la *tablette*
blanche porte comme titre : C^h... Eisen || Dessinateur du Roy, Professeur
de l'Académie || de Peinture et Sculpture de Paris et associé à || celle des
Beaux Arts de Rouen.

Fleuron du titre différent de celui du T. Ier : il représente des objets
de peinture placés sur un fond rayonnant et entourés de guirlandes de
fleurs : il est signé à la pointe : PP. Choffard fecit 1762.

Fleuron du faux titre pour *les Oies* : le recto de la feuille contient un fleuron sign. au bas PP. Choffard fecit 1762 et représentant deux amours volant au milieu de nuages et portant des guirlandes de fleurs.

Eau-forte n. sign.

Page 1, Les Oies de frère Philippe *(Planche ordinaire)* — 100 H sur 62 L, 2 — cadre 3 — n. sign.

A G. un moine de profil à D. retient son fils qui s'avance vers un groupe de deux femmes qui passent. Celles-ci presque de face lui font signe de les suivre.

Eau-forte n. sign.

Pièce refusée n° 2 *(Composition différente)* — 91 H sur 61 L — n. sign.

Les fonds différents : arbres sur la droite. Les femmes sont à G. sous leur parasol et passent de G. à D. Frère Philippe est de face : il empêche son fils de passer devant lui pour s'approcher du groupe de femmes.

Eau-forte n. sig.

En tête de page à claire-voie p. 1 n. pag. sign. à D. PP. Choffart sculp 1762 : il présente une femme étendue sur des nuages de G. à D. tenant à la main des fleurs.

— Cul de l. sign. et dat. p. 8 et eau-forte n. sign.

Page 9, Richard Minutolo 97 H sur 62 L — cadre 3 — sign. au M. à 9 m/m du TC. N. Le Mire sculp 1759.

Au fond un lit caché par un canapé ; Richard assis sur le canapé tend les bras vers Mme Cotelle de face, placée debout devant lui ; une fenêtre à D.

Découverte. Mme Cotelle plus décolletée.

Eau-forte n. sign.

— Cul de l. sign. et dat. p. 18 et eau-forte n. sign.

Page 19, Les Cordeliers de Catalogne — 98 H sur 61 L — cadre 3 — sign. contre le TC. vers la G. Eisen inv. au M. C. Baquoy s.

Au 1er plan à G. un moine conduit une femme vers une porte ouverte à G. : au 2e plan un autre moine tend la main vers une femme profil à D. qui monte les marches.

La même avant les contre tailles sur les marches, sans sign. sur la planche, sign. en dehors à la p. à G. C. Eisen inv — à D. C Baquoy sculp.

Eau-forte n. sign.

Pièce du n° 3 — *(Même composition)* sign. à G. contre le TC. de Longueil sc.

Eau-forte même sign.

Page 29, Le Berceau — 99 H sur 61 L — cadre 3 — sign. à D. contre le TC. De Longueil sc 1761.

Au milieu d'un groupe, le personnage debout qui demande le silence et soulève un rideau de la main droite, est placé à D. de profil à G.

Eau-forte même sign.

1762
Formiers
Généraux

Page 37, L'Oraison de Saint-Julien (*Planche ordinaire*) — 90 H sur 62 L. — cadre 3 1/2 — sign. au M. à 1 1/2 du TC. N. Le Mire ƒ 1762.

Renaud de 3/4 à D. au milieu de brigands ; l'un à G. de 3/4 à D. lui enlève son vêtement ; l'autre à D. profil. à G. lui prend sa bourse.

Eau-forte avancée même sign.

Pièce refusée n° 2 — (*Composition différente*) ressemblant beaucoup à celle de Richard Minutolo — 96 H sur 60 L. — cadre 3 — sign. à D. à 5 m/m. du TC. N Le Mire 1760.

Au fond un lit : à G. une table avec bougies allumées; Renau' assis tête de profil à D. se penche vers une femme assise le coude appuyé sur un écran qui masque en partie le feu d'une cheminée placée à D.

Eau-forte même sign.

— Cul de l. sign. et dat. p. 51 et eau-forte n. sign.

Page 53, Le Villageois qui cherche son veau — 101 H sur 60 L. — cadre 3 — sign. au M. contre le TC. N. Le Mire 1761.

Sous un arbre touffu placé à G. une femme est étendue de G. à D.; le galant qui la regarde est de profil à G.

Eau-forte même sign.

— Cul de l. sign. et dat. p. 53.

Page 55, L'Anneau d'Hans Carvel — 98 H sur 61 L. — cadre 3 — sign illis.

Les époux couchés de G. à D.; le diable de profil à G. dirige la main du mari.

La même sign. en dehors du cadre, à G. Ch. Eisen inv — à D. N. le Mire sculp.

Deux états d'eau-forte : 1er état sign. N Le Mire sculp. 1759.
2e état sign. très diff. à lire.

Page 58, L'Hermite — 98 H sur 61 L. — cadre 3 — n. sign.

Une mère, de face, présente à un moine, de profil perdu à D., une fillette de profil à G.

La même sign. à la p. en dehors du cadre, à G. Ch. Eisen inv., à D. J. Aliamet s.

— Cul de l. sign. dat. p. 65.

Page 67, Mazet de Lamporechio — 98 H sur 61 1/2 L. — cadre 3 1/2 — sign. à G. à 13 m/m du TC. N. Le Mire ƒ 1759.

Mazet étendu de D. à G. au pied d'un arbre : deux nonnes à G. dont l'une de face parle à l'oreille de l'autre 3/4 à D.

La même sign. en dehors du cadre, à G. Ch. Eisen inv — à D. N. Le Mire sculp.

Eau-forte même sign. que l'épr. ord.

Page 75, La Mandragore — 90 H sur 61 L. — cadre 3 1/2 — sign. au M. à 2 m/m du TC. De Longueil.

**1762
Fermiers
Généraux**

La femme couchée de G. à D. : le mari introduit le galant de profil à G.
Eau-forte n. sign.
— Gr. cul de l. sign. et dat. p. 88 avec eau-forte.

Page 83, **Les Rémois** (*Planche ordinaire*) — 98 H sur 61 L. — cadre 3
— sign. à G. contre le TC. De Longueil sc.
À D. une table servie ; au fond à D. deux femmes sortent ; au centre un homme assis presse contre lui et cherche à embrasser une femme à moitié assise sur ses genoux ; à G. on aperçoit par une porte entr'ouverte deux personnes.
Eau-forte n. sign.
Pièce refusée n° 2 — (*Composition différente*) — 95 H sur 61 L. — cadre 2 1/2 — n. sign.
Au milieu l'homme assis se penche et embrasse une femme assise et appuyée contre une table servie placée à G. À D. deux hommes derrière une porte vitrée ; à G. deux femmes près d'une porte entr'ouverte.
— Cul de l. dat. et sign. p. 97.

Page 93, **La Courtisanne amoureuse** — 98 1 2 H sur 61 L. — cadre 3 — sign. au M. à 9 m/m du TC. De Longueil 1761.
L'homme couché de G. à D. — À D. la courtisane de face tête de profil à G.
Eau-forte n. sign.
— Gr. cul de l. dat. et sign. p. 111 et eau-forte.

Page 113, **Nicaise** — 93 H. sur 61 L. — cadre 2 — sign. à G. sur la première marche N. Le Mire 1757.
Nicaise de profil à G. portant le tapis s'avance vers la jeune femme de face, tête de profil à D.
Eau-forte même sign.
— Gr. cul de l. dat. et sign. p. 123 et eau-forte.

Page 125, **Comment l'esprit vient aux filles** (*Planche ordinaire*) — 98 H sur 62 L — cadre 3 — sign. à D. à 7 m/m du TC. N. Le Mire sculp 1761.
Le père Bonaventure de 3/4 à G. se penche vers Lise de face et l'entoure de ses bras. Au fond une porte à médaillon surmonté d'un vitrail.
Eau-forte même sign.
Pièce refusée n° 2 — (*A peu près même composition*) — 97 1/2 H sur 61 L. — cadre 2 1/2 — sign. au M. à 7 m/m du TC. N. Le Mire sculp 1759.
Le moine plus de profil, Lise tourne sa tête vers lui ; au fond porte unie ; derrière le moine se trouve un banc avec un martinet, un missel, etc.
La même sign. en dehors du cadre, à G. Ch Eisen inv — A D.N Le Mire sculp.
Eau-forte même sign. que l'épr. ord.

Page 131, **L'Abbesse malade** — 98 H sur 62 L. — cadre 4 et 1 1/2 — sign. à G. contre le TC. De Lafosse seul.

L'abbesse assise de face : le docteur à D. de profil à G.; à G. des nonnes ; l'une d'elles de profil à D. est penchée vers l'abbesse qui lui parle.

Eau-forte même sign.

Page 135, **Les Troqueurs** — 93 H sur 62 L — cadre 3 1/2 — sign. à D. à 14 m/m du TC. Fli se.

Autour d'une table sont assis trois hommes et deux femmes. Deux hommes de face, le 3e à G. de profil à D., une des femmes à D. de profil à G.

Deux états d'eau-forte n. sign.

— Pet. cul. de l. sign. dat. page 141.

Page 143, **Le Cas de conscience** (*Planche ordinaire*) — 97 H sur 61 L — cadre 3 — n. sign.

A G. presque de face un garçon imberbe, nu, les pieds dans l'eau, prend des vêtements pour se couvrir, une branche cache sa nudité. Au fond à D. entre deux saules on aperçoit la tête d'une jeune fille qui regarde.

Pièce découverte même composition — sans la branche.

La même sign. en dehors du cadre à la p. à G. Ch. Eisen inv. A D. L. Lempereur sculp.

Eau-forte même sign. que ci-dessus.

Page 149, **Le Diable de Papefiguière** (*Planche ordinaire*) — 97 1/2 H sur 60 L — cadre 3 — n. sign.

Perrette de profil à D. lève sa robe et fait voir .. Eh quoi.. *Chose terrible*. Le diable semt le terrifié.

Pièce découverte la robe plus relevée.

— Cul de l. sign. et dat. p. 153 et eau-forte.

Page 157, **Féronde** — 98 H sur 61 1/2 L — cadre 3 1/2 — sign. à D. à 5 m/m du TC. De Longueil s. p.

Féronde de D. à G. un genou en terre, la tête couverte d'un bonnet, reçoit les coups de bâton que lui donnent deux fantômes.

La même n° *4*. La tête de Féronde sans bonnet.

Eau-forte n. sign.

— Cul de l. dat. et sign. p. 165 et eau-forte.

Page 167, **Le Psautier** — 99 H sur 61 1/2 L — cadre 3 1/2 — sign. à G. contre le TC. D. L.

Sur la G. les nonnes assises : l'abbesse au M. de profil à D. Sœur Isabelle, la coupable, debout à D. de 3/4 à G. montre l'abbesse.

Page 173, **Le Roi Candaule et le Maître en droit** n° **1** — 93 H sur 61 L — cadre 3 1/2 — sign. à G. contre le TC. De Longueil sc 1761.

La reine de profil à D. assise au bord d'une fontaine : le roi et Gygès à D. regardent par une fenêtre.

Eau-forte n. sign.

Pièce refusée. Voir aux pièces classées n° 5.

1762
Fermiers
Généraux

Page 178, **Le Roi candaule etc..., nº 2** — 100 H sur 61 L — cadre 4 — sign. au M. contre le TC. De Longueil s.

Le docteur de face chassé par la bonne, entre au milieu d'étudiants ; sur le 1ᵉʳ plan à D. un étudiant assis de profil à G.

Eau-forte n. sign.

— Cul de l. sign. et dat. p. 187 et eau-forte.

Page 189, **Le Diable en enfer** — 90 H sur 62 L — cadre 3 — sign. à G. contre le TC. De Longueil s.

La femme étendue de D. à G. écoute le moine penché sur elle, profil à D.

Eau-forte n. sign.

Pièce refusée nº 2 (Composition différente) — n. sign.

La femme étendue de D. à G. le moine de face se penche vers elle : la lampe qui éclaire la chambre est pendue à G.

Eau-forte n. sign.

— Cul de l. dat. et sign. p. 197 et eau-forte.

Page 199, **La Jument du Compère Pierre** — 97 H sur 61 l,3 L — cadre 3 — n. sign.

La femme au centre de profil à D. cachant en partie le curé de face : à G. le paysan profil à D.

Eau-forte n. sign.

— Cul de l. sign. et dat. p. 206 et eau-forte.

Page 207, **Les Lunettes** (*Planche ordinaire*) — 97 H sur 61 — cadre 3 — n. sign.

Le jeune garçon de profil perdu à G. devant l'abbesse à genoux. A D. une femme nue, tête de profil à G.

Pièce découverte. Le sexe de la femme nue plus accusé.

Eau-forte n. sign.

Page 215, **Le Cuvier** — 96 1/2 H sur 60 1/2 L — cadre 3 — sign. sur le mur à G. Eisen || inv. || Leveau || f 1769.

L'homme qui travaille dans le cuvier de profil à G. Le galant embrasse la femme appuyée sur le cuvier, profil à D.

Eau-forte n. sign.

Page 219, **La Chose impossible** — 98 H sur 61 1/2 L — cadre 3 1/3 — sign. au M. à 1 m/m du TC. De Longueil sculp. 1761.

Le diable placé à G. de profil à D. La femme de face tête de profil à G. : le jeune galant assis de profil à G.

Eau-forte n. sign.

— Cul de l. dat. et sign. p. 222 et eau-forte.

Page 223, **Le Tableau** (*Planche ordinaire*) — 98 H sur 62 L — cadre 3 1/2 — sign. à G. à 2 m/m du TC. De Longueil s.

Une des nonnes, placée à D. de profil à G. lève le poing pour frapper sa compagne assise sur les genoux de Mazet de profil à D.

Eau-forte n. sign.

Pièce refusée n° 2 (Composition différente) — 97 H sur 61 L — cadre 3 — n. sign.

Le groupe de la nonne assise sur Mazet, est placé à D. 3 1 à G. et traité d'une façon plus légère ; la seconde religieuse, de profil à D. cherche à tirer sa compagne que Mazet tient sur lui.

— Cul de l. dat. et sign. p. 232 et eau forte.

Page 243, **Le Bât** — 98 H sur 61 L — cadre 3 — n. sign.

Le peintre est placé de D. à G. contre la femme de G. à D.

Pièce découverte, la robe moins importante aux environs du pinceau.

Eau-forte n. sign.

— Cul de l. dat. et sign. p. 233 et eau-forte.

Page 235, **Le Faiseur d'oreilles et le Raccommodeur de moules** — 98 H sur 61 L — cadre 4 — sign. à G. à 1 m/m du TC. De Longueil sc.

Sire Guillaume de profil à D. pousse sur le lit la femme d'André : on aperçoit celui-ci à D. caché dans la ruelle.

Eau forte n. sign.

— Cul de l. dat. et sign. p. 243 et eau-forte.

Page 245, **Le Fleuve Scamandre** — 98 H sur 62 L — cadre 3 — n. sign.

Le Dieu du fleuve de profil à G. surprend la baigneuse de face au bord du ruisseau.

La même sign. à la p. en dehors du cadre — à G. C. Eisen inv. — à D. J. Aliamet sculp.

Eau-forte en contre partie sign. à la p. à G. C. Eisen *f* 1761 — à D. J. Aliamet sculp.

Eau-forte n. sign.

— Cul de l. dat. et sign. p. 349 et eau-forte.

Page 251, **La Confidente sans le savoir** — 98 1 2 H sur 61 L — cadre 3 — sign. contre le TC. Le Veau sc.

La femme de profil à G. contre la table s'incline devant le seigneur debout de profil à D. Au M. un chien de profil à G.

Page 259, **Le Remède** — 97 1 2 H — sur 59 L — cadre 3 — n. sign.

Les amoureux couchés de D. à G.: la femme tenant l'instrument de profil à D.

La même n° 1 avec parquet et ornements sur les rideaux et sur le lit.

Eau-forte.

— Cul de l. dat. et sign. p. 263 et eau-forte.

Page 265, **Les Aveux indiscrets** — 98 H sur 61 L — cadre 3 1 2 — n. sign.

1762
**Fermiers
Généraux**

Les deux hommes qui courent, l'un bâté l'autre sanglé, sont de profil à D. au milieu d'une foule qui les regarde.

Eau-forte n. sign.

— Cul de l. dat. et sign. p. 269 et eau-forte.

Page 271, **Le Contrat** (*Planche ordinaire*) — 90 H sur 61 L — cadre 1 — sign. à D. contre le TC. de Longueil sc.

Le Gendre de face, la tête de profil à G. prend le contrat que lui tend le beau-père assis à G. de profil à D.

Eau-forte n. sign.

Pièce refusée n° 2 (*Composition différente*) — 96 H sur 60 L — cadre 3 — n. sign.

Le beau-père debout de profil perdu à D. tend le contrat à son gendre de face, tête de 3/4 à G.

Eau-forte n. sign.

— Cul de l. dat. et sign. p. 275.

Page 277, **Les Quiproquo** — 97 1/2 H sur 61 1/2 L — cadre 1 — sign. à D. à 2 m/m du TC. N. Le Mire sculp 1761.

La femme à G. montant des marches de D. à G.; au M. au fond un seigneur de face au haut d'un perron ; à G. un gentilhomme de profil à D.

Eau-forte même sign.

Page 287, **La Couturière** — 98 1/2 H sur 61 L — cadre 3 1/2 — sign. contre le TC. au M. N. Le Mire sculp. 1761.

La fausse couturière de profil à D. embrasse la religieuse assise sur le lit ; celle-ci de profil à G.

Eau-forte même sign.

— Cul de l. p. 288.

Page 289, **Le Gascon** — 98 1/2 H sur 61 L — cadre 3 — n. sign.

Deux hommes à table : le Gascon à G. de profil à D. coiffé d'un tricorne : une femme sort en les écoutant.

Eau-forte n. sign.

— Cul de l. dat. et sign. p. 290.

Page 291, **La Cruche cassée** — 90 1/2 H sur 60 1/2 L — cadre 1 — n. sign.

La femme assise à terre presque de face regarde son galant penché vers elle de profil à D.

— Pet. Cul de l. p. 292 et eau-forte.

Page 293, **Promettre est un et tenir est un autre** — 100 H sur 61 1/2 — cadre 3 1/2 — n. sign.

Perrette assise de profil à D.; Jean se retire en la saluant ; il est de face la tête de profil à G.

Eau-forte n. sign.

— Cul de l. sign. p. 294 et eau-forte.

Page 291, **Le Rossignol** (*Planche ordinaire* — 90 H sur 61 L. — cadre 84 ? — sign. au M. à 2 m/m du TC. N. Le Mire sculp 1762.

Les deux amants couchés de D. à G. : à G. le père et la mère de profil à D. : le père a le bras appuyé sur l'épaule de sa femme.

Pièce découverte dite à l'Etat brillant ?

Eau-forte même sign.

Pièce refusée — (*Composition différente*) — 97 H sur 60 1/2 L. — cadre 3 — n. sign.

Les amants couchés de G. à D. l'homme se soulève : le père et la mère au fond à D. de face.

Eau-forte n. sign.

— Cul de l. p. 306 le plus important de l'édition : c'est celui qui contient le portrait de Choffard : Médaillon rond avec tête de Choffard profil à G : sur le médaillon est écrit en exergue PP. Choffard Del. Et Sculp. : la planche est signée en B. PP. Choffard fecit 1762.

Etats : Terminé, celui décrit avec nom en exergue et traits de burin en exergue.

Avant les traits de burin sur les mots écrits en exergue.

Sans nom en exergue.

Eau forte n. sign. avec tailles sur le médaillon autour de la tête de Choffard.

Eau forte médaillon complètement blanc.

Eau forte la tête seule sans médaillon ni entourage.

En dehors de la copie générale des culs de l. et fleurons, exécutée par *Roily* pour l'édition de 1781 (voir plus loin), le fleuron ci dessus a été copié par *Campion de Tersan* : le médaillon du centre devait contenir le profil à D. de *Mme de Guillonville*. Dans cette copie, la partie supérieure du fleuron est modifiée : la cage au M. est remplacée par une lyre ; à la place des deux vases de fleurs à G. et à D. on voit à G. une palette avec pinceaux et à D. une feuille de musique. On rencontre ce fleuron avec le portrait au centre, sans le portrait et en contre partie.

— Cul de l. dat. et sign. p. 307 n. pag. et eau-forte n. sign.

PLANCHES D'EISEN DONT IL EST PARLÉ AU N° 5
ET QUI PEUVENT ÊTRE JOINTES A L'ÉDITION DE 1792

1re SÉRIE · 4 planches plus petites que les vignettes des Fermiers Généraux et d'une composition différente : elles ont du reste été reproduites en partie dans les contrefaçons de 1767 et 77.

Elles sont bordées d'un TC. doublé d'un filet placé à 2 m/m et formant cadre. Elles sont signées, portent un titre, l'adresse de Basan et ont en B un n° d'ordre. On les trouve parfois avec titre et adresse sans n° d'ordre et aussi sans titre, ni adresse ni n° d'ordre.

**1762
Fermiers
Généraux**

Le Mari confesseur — (*Dimension intérieure*) 91 H sur 58 L : En H à D. 1. Sign. : en dehors du cadre, à G. Ch. Eisen inv. : à D. Noël Le Mire sculp. En dessous à 12 ou 11 m/m du titre on lit : A Paris chés Basan Graveur Rue du Foin.

La femme en dehors du confessionnal de profil à G. : le mari, accoudé dans le confessionnal tient à la main sa barrette pour la jeter à la tête de la femme.

Joconde (*Scène du fou*) — 91 H sur 58 L — En H à D. 2 — sign. en dehors du cadre — à G. Ch. Eisen inv — à D. Noël Le Mire sculp. Sous le titre, même adresse.

La reine étendue de D. à G. cache en partie le fou de profil à D. qui se penche vers elle et l'embrasse : au fond à G. on voit deux têtes d'hommes sous une portière relevée.

La même planche se rencontre avec l'adresse à moitié enlevée et en H à D. un n° p 322.

Le Mari cocu, battu et content — 91 H sur 58 L. — En H à D. 3 — sign. au dessus du 2° filet du cadre à G. Ch Eisen inv — à D. N. Le Mire sculp. Sous le titre, même adresse.

Dans un jardin dont la maison se trouve assez éloignée sur la droite, le mari déguisé fuit de G. à D. vers les marches d'un perron ; il est poursuivi par le galant.

Le Muletier. — Je ne connais cette planche que non terminée, bordée d'un simple TC. ; elle mesure 91 H sur 58 L. Elle est signée en dehors du TC. à G. Esenede — à D. N Le Mire sc : elle porte comme titre Les trois Muletiers. Le piédestal du vase ne part pas de l'angle du TC. et n'a que 5 m/m. Le Seigneur est coiffé différemment.

La même existe sans titre ni sign.

2° SÉRIE — 9 planches ayant à peu près les dimensions des vignettes des Fermiers Généraux. Lorsqu'elles sont avant la lettre (très rare), c'est-à-dire sans titre et sans adresse, on les classe dans la série des pièces refusées ; mais on les trouve généralement avec un titre et l'adresse de Basan.

Le Gascon puni — 97 H sur 62 L — bordé d'un cadre de 5 m/m formé d'un plat entre deux listels : sign. en B à G. Ch. Eisen inv. En H. à D. un n° 1. Au dessous du titre on lit : à Paris ches Basan.

C'est à peu près la même composition que pour l'édition des Fermiers : les personnages sont plus petits ; le lit plus simple : on voit à D. une porte.

La même sans adresse, ni titre ni cadre. Exemplaire Renouard.

Le Roi Candaule — 97 H sur 61 L — cadre comme les vignettes des Fermiers Généraux — sign. en B à G. Ch. Eisen inv. — Sans titre mais avec l'adresse à Paris chez Basan.

Dans la salle d'un palais avec colonnade et draperies à D. la reine de face se soulève de dessus un divan pour descendre dans une piscine placée à G.: Une portière relevée au fond à G. laisse voir les têtes de deux hommes qui regardent.

Cette planche se rencontre aussi avec la sign. Ch Eisen Inv à G. et à D. Martinet fecit : l'adresse de Basan est alors effacée.

La Cruche cassée — 98 H sur 61 L — cadre semblable à celui des planches des Fermiers Généraux — En H à D. N° 32 — Sign.: en bas à G. C. Eisen del : à D. sign. illisible. En dessous du titre on lit : A Paris chez Basan. Composition différente avec personnages plus petits.

Dans une allée sous bois avec fontaine à D. Jeanne debout de 3/4 à D. semble se défendre contre les tentatives de Jean placé de profil à G.

3° SÉPIE : 8 vignettes petit in-4 dessinées par Eisen.

Ce sort les mêmes compositions que pour les planches des Fermiers Généraux mais retournées ; ce sont les mêmes groupes de même taille, mais placées sur un fond plus grand, plus étendu, plus important : ainsi dans la *Servante Justifiée*, le jet d'eau du bassin placé à G. qui, sur la planche des Fermiers Généraux, est coupé par le cadre, se trouve ici dans son entier : de même la maison placée à droite est plus grande sur le 1er plan.

Ces estampes sont entourées d'un cadre de 4 à 6 m/m formé d'un plat strié placé entre deux listels. Elles sont signées et portent un titre suivi souvent d'un texte de six vers écrit à deux colonnes.

La Servante justifiée — à l'intérieur du cadre 120 H sur 81 L — sign. à G. C. Eisen Inv. — à D. D. Ex. — Sous le titre deux colonnes de trois vers.

Les Trois commères — 111 H sur 78 L — sign. à G. Ch Eisen Inv — aucun texte sous le titre.

Les Deux amis — 119 H sur 79 L — sign. à G. Eisen inv — sans texte sous le titre.

Frère Luce — 111 H sur 77 L — Sign. à G. Ch. Eisen inv. : à D. Daumont Ex. — Sous le titre six vers de texte à deux colonnes.

Les Oies du Frère Philippe — 113 sur 78 L — Sign. à G. C. Eisen Inv. — Sans texte sous le titre. C'est la copie modifiée de l'épreuve refusée des Fermiers Généraux.

Les Cordeliers de Catalogue — 118 H sur 79 L — sign. à G. Eisen Inv — sans texte sous le titre.

L'Abbesse malade — 121 H sur 82 L — sign. à G. Eisen Inv — sans texte sous le titre

1762
Fermiers
Généraux

1762
Fermiers
Généraux

Mazet de Lamporechio — 117 H sur 78 L. — Sign. à G. Ch. Eisen, Inv. — sans texte sous le titre.

1764

Contes ‖ Et ‖ Nouvelles ‖ en vers ‖ Par M. de La Fontaine ‖ Tome I (ou II) ‖ A Amsterdam ‖ — ‖ M. DCC. LXIV.

Deux volumes in-8. — 1er vol. Faux-titre pp. I n. pag. et II n. pag. : Portrait de La Fontaine. Titre avec au centre le fleuron de 1762 sign. C. Boily fecit. Vie de La Fontaine (sans titre) pp. V et VI. Préface p. VI n. pag. à X. Faux-titre pour Joconde avec le fleuron de 1762 retourné sans sign. Texte des Contes p. I n. pag. à 191. Dissertation p. 192 n. pag. à 214. Table pp. 215 et 216. Avis au relieur p. I n. pag. à 16. — 2e vol. Faux-titre. Titre pp. I n. pag. et II n. pag. avec fleuron. Préface p. III n. pag. à VIII. Faux-titre pour les Oies avec fleuron. Texte des Contes p. I à 254. Épitaphe p. 255 n. pag. Table p. 256 n. pag. — C'est la première contrefaçon de l'Édition des Fermiers généraux et la plus appréciée, celle gravée par Boily.

Comme texte les contes commencent indifféremment au recto ou au verso de la page ; par suite nous n'avons que 2 titres spéciaux aux contes ; au T. Ier pour Joconde ; au T. II pour les Oies. Un fleuron orne le recto de ces deux titres.

VIGNETTES : 1 Portrait de La Fontaine en tête du 1er vol. ; ce portrait dessiné par Rigault est gravé par Savart ou par Macret suivant les exemplaires. 2 fleurons de titre, 2 fleurons de faux-titre, 2 en tête de pages, 80 vignettes et 61 culs de lampe gravés par Boily d'après Eisen.

Portrait gravé par Macret. — Reproduction retournée et modifiée du portrait dessiné par Ficquet et contenant la scène de la fable *Le Loup et l'Agneau*. Toutefois pour joindre ce portrait à une édition des contes on a supprimé dans l'original ce qui avait rapport aux fables. Le titre inscrit sur le fronton est effacé : il en est de même des scènes gravées sur le cartouche du bas *La cigale et la fourmi* et *Le loup et l'agneau*. Ce cartouche est ombré et porte les mots *Jean de La Fontaine*.

La planche bordée d'un double TC. mesure 111 H sur 72 L. ; Elle est signée en lettres courantes ornées, à G. Peint par Hiacinthe Rigault — à D. Gravé par Macret d'après Ficquet.

Portrait gravé par Savart. — Celui de 1762 retourné : le cartouche porte *Jean de La Fontaine* écrit en caractères carrés et *De l'Académie Française* écrit en caractères courants.

Dimension totale 105 1/2 H sur 69 l. — Sign. à G. Hyp. Rigaud pinx — à D. P. Savart sculp 1769.

Deux fleurons de titre semblables à ceux de 1762, 1 pour chaque tome : au T. Ier le fleuron est signé à G, C. Boily fecit.

Deux fleurons de faux titre, ceux de 1762 : celui de Joconde au T. Ier est retourné ; celui du T. II, les Oies de frère Philippe est dans le même sens.

Deux en tête de pages semblables à ceux de 1762 : l'entête de Joconde dans le même sens n'est pas signé ; celui des Oies..... est signé L. Boily.

Quatre-vingts vignettes hors texte : Ce sont les vignettes de 1762, retournées et gravées par Boily, Binet, Milcent ou Milsan (?). Un certain nombre sont signées à la pointe sur la planche.

On rencontre parfois des eaux-fortes n. sign. que l'on prend pour des contre parties des Fermiers.

Planches signées :

T. Ier. *Joconde* : à G. contre le TC. L. Boily.

Le Paysan qui a offensé son Seigneur : au M. à 1 m/m du TC. Milsan.

La Gageure (Le Poirier) : à G. à 5 m/m du TC. L. Boily.

Le Faucon (Le Tournoi) : au pied de la tribune Boily.

Le Magnifique : au M. contre le pied du galant Milcent sc.

Le Glouton : vers la D. à 1 m/m du TC. L. Boily.

Le Juge de Mesle : au M. sur la 2e marche Milsan.

T. II. *Les Oies de frère Philippe* : à D. L. Boily.

Le Berceau : à G. Boily seul.

La Courtisanne amoureuse : au pied du lit Binet 1763.

Le Roi Candaule : au M. contre le TC. Louis Boily sc.

Les Lunettes : au M. L. Boili.

Le Rossignol : au M. Ludovicus Boily sc — l'eau-forte n. sign.

Soixante et un culs de lampe dont 9 nouveaux et 52 qui sont ceux de 1762 le plus souvent retournés ou modifiés ; en voci le détail :

DANS LE MÊME SENS — T. Ier. *La Fiancée du roi de Garbe*.

RETOURNÉS — T. Ier. *Le Cocu...* — *Le Muletier* — *Le Calendrier...* — *On ne s'avise...* — *La Coupe...* — *Le Petit chien...* — *Le Glouton* — *Les Deux Amis* — *Le Baiser rendu* — *Sœur Jeanne* — *1re Imitation d'Anacréon* — *Fin du Tome premier* — T. II. *Les Oies de...* — *Richard Minutolo* — *Le Villageois qui...* — *La Mandragore* — *La Courtisanne...* — *Nicaise* — *Féronde* — *Le Roi Candaule* — *Le Diable en enfer* — *La Jument...* — *Le Bât* — *Le Faiseur d'oreilles...* — *La Couturière* — *Le Gascon* — *Épitaphe*.

RETOURNÉS ET MODIFIÉS — T. Ier. *Joconde* — *Le Savetier* — *Le paysan qui a...* — *La Servante justifiée* — *La Gageure...* — *Le Gascon puni* — *Le Magnifique* — *Le Juge de Mesle* — *Alix malade* — T. II. *L'Oraison...* — *L'Hermite* — *Les Rémois* — *Les Troqueurs* — *Le Diable de Papefiguière* — *La Chose impossible* — *Le Tableau* — *Le Fleuve Scamandre* — *Le Remède* — *Les Aveux indiscrets* — *Le Contrat* — *La Cruche* — *Promettre est un...* — *Le Rossignol* — *Portrait*.

1764

Nouvelle composition — T. 1er. *Le Mari confesseur* — *A femme avare...* — *La Matrone d'Éphèse* — *La Clochette* — *2e Imitation d'Anacréon* — T. II. *Les Cordeliers...* — *L'anneau d'Hans Carvel* — *L'Abbesse malade* — *Le Curier* — *Les Quiproquo.*

Dans le cul de lampe de la fin du 2e volume, qui, dans l'Édition 1762 représente le portrait Choffard nous avons ici le portrait de Boilly. Les ornements et dispositions sont semblables à la planche de 1762, la tête seule est changée. Elle est de profil à D. sans inscription en exergue.

Ce cul de L. est sign. à G. contre le bord du médaillon, Boilly Fecit — On trouve des tirages à part de ce portrait.

Les cuivres de ces culs de lampe sont devenus la propriété de M. Rouquette, libraire, Passage Choiseul 69-73, et il s'en est servi pour illustrer une édition de 1883.

Il a fait un tirage à part moderne, de ces cuivres retouchés.

1767

Contes ‖ Et ‖ Nouvelles ‖ en Vers ‖ par M. de La Fontaine ‖ Tome premier (ou second). ‖ A Amsterdam. ‖ — ‖ M. DCC. LXVII.

Deux vol. in-8. — 1er vol. Faux-titre. Portrait. Texte des Contes p. 1 n. pag. à 194. Dissertation p. 195 n. pag. à 220. Table pp. 221 n. pag. et 222 n. pag. — 2e vol. Faux-titre. Frontispice. Préface p. 1 n. pag. à IV. Faux-titre pour Les Oies avec fleuron au recto. Texte p. 1 n. pag. à 256. Épitaphe p. 257 n. pag. Table pp. 259 et 260 n. pag. Avis du relieur p. 261 n. pag. à 272.

Copie grossière de l'Édition 1764.

Le texte est encadré ainsi que le titre écrit en caractères rouges et noirs. Au Tome 1er, la vie de l'auteur et la préface sont supprimées.

Un portrait de La Fontaine n. sign.: c'est celui de Macret dans le même sens, mais modifié : Le nom *Jean de La Fontaine* figure sur le fronton e.. II de la planche : Le cartouche compris dans la partie inférieure de la planche contient ici un petit sujet représentant deux pigeons qui se becquettent. Dimension totale 113 1/2 H sur 72 L.

Un frontispice au tome II : ce frontispice bordé d'un double TC. n. sign. porte en II de la planche, contre le TC. à G. Frontispice : à D. Tome II.

Il représente deux groupes de femmes en larmes, placés de chaque côté d'une mausolée : au 1er plan, au M. une femme est étendue de G. à D. pleurant ; au centre du mausolée on voit un médaillon ovale représentant une tête d'homme de profil à G. Dimension totale 121 H sur 93 L.

Deux fleurons : un sur chacun des titres : ce sont les fleurons de 1764 lourdement copiés.

Deux en tête de pages, copiés de 1764 n. sign. — un pour *Joconde* : un pour les *Oies de frère Philippe.*

Un fleuron au recto du titre spécial du conte les *Oies de frère Philippe,* copié de 1764, même sens.

Quatre-vingts vignettes hors texte, copiés grossières ou plutôt imitations des vignettes de Boily ; certaines planches sont modifiées comme composition ou sont la copie des refusées de 1762. Les planches sont bordées d'un double TC. formant cadre ; elles n'ont ni titre, ni signatures, mesurent 112 à 116 H sur 68 à 71 L, et présentent en haut des indications de pagination : à G. Tome 1 (ou II)... à D. Page ..

Les planches différentes de celles de 1764 sont les suivantes :

T. 1er. *Le Cocu...* — *Le Muletier* — *Imitation d'Anacréon* — *Autre imitation...* sont retournées.

Joconde (*Scène du fou*). Personnages plus petits. Dans une chambre avec cheminée, la reine est couchée de G. à D. et cache en partie le fou qui l'embrasse. Imitation de la planche d'Eisen avec l'adresse de Basan.

La Servante justifiée. Imitation de la refusée de 1762.

T. II. *Richard Minutolo* — *Les Troqueurs* — *Le Cuvier* — *Le Bât* — *Le Remède,* sont retournés.

Comment l'Esprit... — *Le Rossignol,* sont des imitations des refusées de 1762.

Le Fleuve Scamandre est complètement différent : Sous un bois touffu Cimon, à D. de profil à G. caché par un arbre, regarde l'ingénue à G. de face, qui vient de sortir de l'eau.

Cette édition comprend encore de nombreux culs de l. dont quelques-uns imités de ceux de Boily.

Contes ‖ Et ‖ Nouvelles ‖ en vers ‖ par ‖ Jean de La Fontaine. ‖
   Tome premier (ou second) ‖ M DCC LXXVII.

Deux vol. in-8. — On rencontre des exemplaires in-4. — 1er vol. Frontispice. Titre avec fleuron vig. pp. I n. pag. et II n. pag. Avertissement p. III n. pag. à VI. Portrait. Abrégé de la vie de La Fontaine p. VII n. pag. à X. Préface p. XI n. pag. à XIV. Texte des contes p. 1 n. pag. à 198. Table pp. 199 et 200. — 2e vol. Frontispice. Titre avec fleuron vign. Préface. Texte des contes p. 1 n. pag. à 262. Dissertation p. 263 à 284. Table pp. 285 n. pag. et 286. Avis au relieur p. 1 à 13 et une feuille, note du relieur.

1777   VIGNETTES. — Cette 3e contrefaçon, beaucoup moins appréciée que celle de Bolly, comprend comme vignettes :

Deux frontispices signés Vidal direxit : 1 pour chaque volume.

Frontispice du 1er vol. — 98 H sur 60 L au TC. sign. à D. au dessous du cadre.

Sur un rideau attaché par deux coins à deux arbres touffus on lit : Contes ‖ Et ‖ Nouvelles ‖ en vers ‖ Par ‖ Mr de La Fontaine ‖ Tome ‖ premier. ‖ Cet ensemble est placé sur une marche en terre sur laquelle se trouve un livre fermé.

Frontispice du 2e vol. — mêmes dimensions — même sign.

Il représente également un rideau, mais tenu par deux femmes debout sur un soubassement architectural. — Même titre avec Tome ‖ Deuxième. ‖

Deux fleurons sur les titres : un pour chaque volume : ceux de 1762 retournés et grossièrement reproduits.

Un Portrait de La Fontaine : celui de 1764 signé à D, peint par Hiacinte Rigault et à G. gravé par Macret d'après fiequet.

Deux en tête de pages : pour Joconde T. 1er, — pour les Oies T. II, ceux de 1762 retournés.

Quatre-vingts vignettes : ce sont celles de 1762 retournées et grossièrement reproduites : On doit remarquer que, dans la 1re planche de Joconde, le roi qui se regarde dans la glace a son épée placée à tort de G. à D. Ces vignettes sont bordées d'un TC. et entourées d'un cadre mouluré comme celles des Fermiers, mais l'ensemble des planches mesure 92 H sur 60 1/2 L au TC. Une seule planche est signée.

Les contes sont presque tous terminés par un cul de l. sur bois ou un ornement typographique.

1778 (?)   Contes ‖ Et ‖ Nouvelles ‖ en vers ‖ par M. de La Fontaine ‖ Tome premier (ou second) ‖ A Londres ‖ sans date.

Deux vol. in-8. — 1er vol. Faux-titre. Portrait. Titre avec fleuron. Préface 4 pp. n. pag. Texte des contes p. 1 n. pag. à 187. Dissertation p. 188 à 212. Table 2 pp. n. pag. — 2e vol. Frontispice. Titre avec fleuron. Préface 6 pp. n. pag. Texte des contes p. 1 n. pag. à 247. Table p. 248 n. pag.

Je crois devoir placer en 1778 cette édition généralement classée en 1770, car c'est une reproduction de la contrefaçon de 1777 (Voir Joconde, 1re planche).

VIGNETTES. — 2 fleurons sur les titres, reproduction des fleurons de l'Edn de 1743, 2 vol. in-12, Londres, v. p. 21.

Un Portrait imitation de celui de Savart de 1764 sans sign. et portant sur la tablette : Jean de La Fontaine || de l'Académie Françoise || Né à Château-Thierry le 6 juillet 1621 || Mort à Paris le 16 mars 1695 ||

Un frontispice, celui de 1743, v. p 21.

87 vignettes dont 85 d'après Eisen et 2 compositions nouvelles. Ces vignettes sont en partie des copies de la contrefaçon de 1777 ; quelques-unes sont signées Martinet ; certaines planches ont été modifiées, d'autres sont complétement différentes.

Elles portent en H un n° d'ordre : 1 à 38 pour le 1er vol. ; 1 à 43 pour le 2e, mais il y a souvent des erreurs, soit des n°° passés, soit plusieurs planches avec le même n°.

Enfin on lit au dessous de la planche le titre du conte suivi quelquefois d'un texte.

Bien que cette suite soit très mauvaise, je me crois obligé de donner le détail des planches.

Tome Ier. N° 1. Comme 1777.

> 2. La scène du valet remplacée par la scène du fou, encadrée de 2 filets et signée entre les filets à G. Gravé par — à D. Martinet.

> 3. 2e scène du fou ; reprod. retournée de la vignette d'Eisen portant l'adresse Basan, déjà gravée en 1767.

> 4, 5. Contre-façon de 1777.

> 6. *Le mari confesseur* reprod. de la vignette d'Eisen portant l'adresse de Basan.

> 7, 8, 9, 10, 11, 12. Comme de 1777. Le n° 11 est double et la 2e planche de la Gageure (La servante) manque.

> 13. Vign. sans cadre signée à G. Gravé par Martinet, reproduction de la refusée de 1762. Le n° 14 manque.

> 15, 16, 17, 18, 19, 20. Comme 1777.

> 21. Nouvelle composition pour la *Coupe enchantée* : Dans un jardin présentant à D. un bassin avec jet d'eau et des constructions en ruines, un jeune seigneur de profil à D contemple une jeune dame qui sommeille étendue de D. à G. Vignette sans sign. bordée d'un TC. doublé d'un filet ; mesure environ 121 H sur 71 L ; elle porte le titre *La Coupe enchantée* suivi d'un texte de deux vers.

> 22. Comme 1777 et reproduction de la refusée de 1762 sous le même n°.

> 23, 24. Comme 1777.

> 25. 2 pl. sous le même n°.

> 26 à 38. Comme 1777.

Tome II. N° 1. Comme 1777 et reprod. de la refusée de 1762 sous le même n°.

> 2 à 10. Comme 1777.

> 11, 13, 15, 18. 1777 retourné.

> 12, 14, 16, 17, 19, 20, 21, 22. Comme 1777.

> 23. Comme 1777 sans cadre et sign. à G. Gravé par Martinet

1778

24, 25, 26, 27. Comme 1777.

28 comprend 2 planches — l'ordinaire et la refusée de 1762.

29. 1777 retourné.

30 et 31. Comme 1777.

32. Nouvelle composition pour le *Fleuve Scamandre*. A D. une femme se déshabille assise au bord d'un ruisseau. Au fond à G., on aperçoit près d'un arbre la tête du galant qui regarde.

33. 2ᵉ planche pour le *Fleuve Scamandre*, celle de 1767.
La Confidente sans le savoir porte le nᵒ 14 et son titre est *A femme avare*.

34 à 39. Comme 1777.

40. Reprod. de la vignette d'Eisen avec l'adresse de Basan.

41 manque et 42 comprend deux sujets de contes.

43. Comme 1777.

LA MÊME

Deux vol. in-12 avec texte et portrait différent. — 1ᵉʳ vol. Faux-titre. Portrait. Titre. Préface p. I à IV. Vie de La Fontaine p. V n. pag. à XVI. Texte des contes p. 1 à 237. Table p. 238 à 240. — 2ᵉ vol. Faux-titre. Titre. Texte des contes p. 1 à 230. Dissertation p. 231 à 260. Épitaphe p. 261. Table p. 262 à 264.

Vignettes de l'Edition in-8 ci-dessus, mêmes fleurons de titres. Le premier volume contient 7 contes qui sont généralement au 2ᵉ vol. et la dissertation est placée au 2ᵉ vol.

Les vignettes à peu près semblables sont également numérotées en II, mais ces numéros, souvent fantaisistes, rendent la collation très difficile. Mêmes observations que dans l'Edition 1778 pour la *Joconde* et le *Mari confesseur* : le sujet de la *Coupe enchantée* est celui des *Fermiers*. — *Le Fleuve Scamandre* contient 3 planches — celles de 1762, 67 et 78.

Le Portrait. — Mauvais médaillon ovale de 31 H sur 24 L. La Fontaine 3/4 à G.; ce médaillon est fixé au centre d'un fond architectural avec fronton et soubassement en relief. Deux femmes debout sur le soubassement soutiennent les guirlandes de fleurs qui entourent le médaillon.

Les mêmes gravures et portrait ont paru également dans une édition in-8 en deux et même en quatre vol. portant les mêmes titres sans fleurons.

1791 Contes ‖ Et ‖ Nouvelles en vers ‖ Par ‖ Jean de La Fontaine. ‖ — ‖ Nouvelle Edition. ‖ — ‖ Tome premier. ‖ A Paris. ‖

Chez les Libraires Associés. ‖ M. DCC. XCI. (Le 2ᵉ vol.
est daté M. DCC. XCVI.)   **1791**

Deux vol. in-8. — 1ᵉʳ vol. Portrait. Titre pp. 1 n. pag. et II
n. pag. Abrégé de la vie de La Fontaine pp. III n. pag. et IV.
Préface p. V n. pag. à VIII. Texte des contes p. 1 n. pag. à
192. Dissertation p. 193 n. pag. à 214. Table pp. 215 n. pag.
et 216 numérotée 214. — 2ᵉ vol. Titre pp. 1 n. pag. et II n.
pag. Préface p. III n. pag. à VIII. Texte des contes p. 1 n.
pag. à 250 numérotée 160. Table pp. 251 n. pag. et 252 numérotée 152.

Nouveau texte dont les pages sont mal numérotées. Au 2ᵉ vol. la page
208 porte 108 et cette erreur va jusqu'à la fin.

VIGNETTES. — Un portrait : réduction de la planche dite au *ruisseau
blanc* entourée d'un cadre uni strié — 89 vignettes de l'Edition de 1777.

MÊME ÉDITION que la précédente avec vignettes différentes.   **1791**

VIGNETTES. — Un portrait. La Fontaine de 3/4 à G. sur fond uni
rectangulaire de 89 H sur 73 L, bordé d'un TC. doublé d'un filet qui enveloppe également une tablette blanche sur laquelle on lit : *Jean de La Fontaine.* Dimen. totale 105 H sur 73 L.

Un frontispice au 2ᵉ vol. copie grossière du frontispice de 1778.

Quatre-vingt-quatre vignettes nouveau tirage de 1778 avec à peu près
les mêmes sign. Les planches sont retaillées et les fonds très chargés : le
numérotage des planches est souvent erroné et certaines planches sont
différentes.

La planche 7, *Le Mari confesseur*, est l'imitation retournée de la
vignette d'Eisen chez Basan.

La planche 13, *La Gageure des trois commères* (La Servante) est une
composition nouvelle : Le mari, assis à G. sur le bord du lit, cherche à
retenir la servante de profil à D. que la femme de profil à G. tire par sa
robe.

Les nᵒˢ 36 et 38 sont bordés d'un simple filet et le titre est en écriture
anglaise.

Les planches spéciales à l'Edition de 1778 la 1ᵉ de *La Coupe enchantée*
et la 3ᵉ du *Fleuve Scamandre* n'ont pas été reproduites.

La vignette nᵒ 61 est sans cadre — le nᵒ 74 manque.

Cette édition renferme souvent une suite de deux frontispices et huit
pièces galantes qui ne doivent pas être de l'époque.

1792 Contes ‖ Et ‖ Nouvelles ‖ en vers, ‖ par M. de La Fontaine ‖ Tome premier (ou second). ‖ A Paris, chez : ‖ Plassan Imprimeur-Libraire, rue du ‖ Cimetière Saint-André des Arcs, n° 10; ‖ Chevalier, Libraire, Cour royale, ‖ au Louvre. ‖ M. DCC. XCII.

Deux vol. in-8. — 1er vol. Faux-titre. Portrait. Titre pp. I n. pag. et II. Vie de La Fontaine sans titre p. III à VI. Préface p. VII à XII. Faux-titre de Joconde. Texte des contes p. 1 à 238. Dissertation p. 239 à 268. Table 2 pp. n. pag. — 2e vol. Faux-titre. Portrait d'Eisen. Titre pp. I n. pag. et II n. pag. Préface p. III n. pag. à VIII. Faux-titre des Oies. Texte des contes p. 1 à 306. Épitaphe p. 307 n. pag. Table 3 pp. n. pag.

VIGNETTES. — Deux portraits. Quatre-vingts figures d'Eisen et plusieurs refusées. Cinquante-deux culs de lampe, 4 fleurons et 2 en tête de pages.

Si l'on s'en rapporte au prospectus du libraire Plassan, prospectus reproduit in extenso par Brunet (coll. 300), nous avons ici les mêmes gravures que celles de l'édition de 1762 des Fermiers Généraux. Plassan devenu acquéreur des cuivres de 1762 et des suites restées sans amateur aurait fait paraître un nouveau texte pour écouler ce stock de 1200 suites.

Ce nouveau texte a permis d'utiliser, à la fin de la Vie de Lafontaine, p. VI, le cul de 1. de Choffard (Tombeau de La Fontaine) qui n'avait pas pu être placé dans l'édition de 1762.

Quant aux culs de lampe, c'est un nouveau tirage des cuivres de Choffard : de plus le dernier cul de 1. du T. 1er, p. 268, a été modifié comme texte ainsi que je l'ai signalé plus haut p. 29.

1792 Contes ‖ Et ‖ Nouvelles ‖ en vers, ‖ Par M. de La Fontaine ‖ Tome premier (ou second) ‖ A Paris, ‖ Chez Chevalier Libraire, Cour royale, au ‖ Louvre ‖ — ‖ M. DCC. XCII.

Deux vol. in-8, avec le même nombre de vignettes que pour l'édition précédente.

Même texte que l'édition de 1792 Plassan ; même nombre de planches avec un titre différent sans fleuron.

Édition créée pour achever la vente des défauts provenant de l'édition
de 1762.

Il y a en effet lieu de remarquer que cette édition contient un certain
nombre de planches provenant de l'Édition des Fermiers Généraux, celles qui
sans doute avaient été écartées dans le principe comme défectueuses.
Les autres sont un nouveau tirage effectué sur les mêmes cuivres, mais sur
un papier différent.

1792

Contes ‖ Et ‖ Nouvelles ‖ en vers ‖ par M. de La Fontaine. ‖
  Tome premier (ou second) ‖ A Paris, ‖ Chez Chalon, Imprimeur-Libraire, ‖ rue du Théâtre Français. ‖ — ‖ L'an 2°
  de la Liberté. ‖

1794

Deux vol. in-8, même nombre de vignettes que pour 1792.
Même texte que pour l'édition 1792 Plassan avec titres différents sans fleurons.

Au verso du faux-titre on lit : A Pihan de La Forest imp. de la Cour
de cassation ‖ rue des Noyers, 17. ‖ A la fin du 2e volume on retrouve
l'adresse de Plassan : « de l'Imprimerie Plassan Place Saint-André des
Arcs 1792. »

Je dois faire ici la même observation que pour l'édition précédente. Un
certain nombre de vignettes proviennent des suites de 1762, les autres sont
nouvellement tirées sur un papier différent.

Contes ‖ Et ‖ Nouvelles ‖ en vers, ‖ par La Fontaine. ‖ Édition
  ornée de Figures gravées d'après les ‖ Dessins d'Eisen. ‖
  Tome premier (ou second). ‖ A Paris, de l'Imprimerie de
  Didot Jeune. ‖ M. DCC. XCVI. ‖

1796

Deux vol. in-8. — 1er vol. Faux-titre pp. I n. pag. et II n.
pag. Portrait. Titre pp. III n. pag. et IV n. pag. Vie de La
Fontaine p. V n. pag. à VIII. Préface p. IX n. pag. à XVI.
Texte des contes p. 1 n. pag. à 203. Dissertation p. 205 n. pag
à 230. Table pp. 231 n. pag. et 232. — 2e vol. Faux-titre pp. I
n. pag. et II n. pag. Portrait d'Eisen. Titre pp. III n. pag. et
IV n. pag. Préface p. V n. pag. à XII. Texte des contes p. 1 n.
pag. à 269. Épitaphe p. 270 n. pag. Table 2 pp. n. pag.

1796   VIGNETTES. — Deux portraits. Quatre-vingts vignettes d'après Eisen. Nouveau texte avec un nouveau tirage des cuivres de 1762; quelques planches cependant doivent encore faire partie du tirage original.

1800   Contes || Et || Nouvelles en vers, || par || Jean de la Fontaine. || , Tome premier (ou second) || Edition stéréotype D'après le procédé de Firmin Didot. || A Paris, || de l'Imprimerie et de la Fonderie stéréotypes || de Pierre Didot l'aîné et de Firmin Didot. || An VIII (1800) ||

Deux vol. in-12. — 1er vol. Portrait. Faux-titre. Titre. Vie de La Fontaine (sans titre) p. 5 à 7. Préface p. 9 n. pag. à 12. Texte des contes p. 13 n. pag. à 176. Dissertation p. 177 n. pag. à 196. Table pp. 197 n. pag. et 198. — Je n'ai pu contrôler que le 1er vol.

Texte dans lequel on a intercalé les vignettes de 1777 avec n° en H, titre et texte en bas.

1801   Contes || Et || Nouvelles || en vers, || par M. de La Fontaine, || — || Tome premier (ou second) || — || A Paris || Chez André Imprimeur-Libraire, || Rue de la Harpe n° 477. || — || An dix — 1801. ||

Deux vol. in-12. — 1er vol. Faux-titre. Portrait. Titre. Vie de La Fontaine p. 1 à 4. Préface p. 5 n. pag. à 10. Texte des contes p. 11 n. pag. à 194. Dissertation p. 195 n. pag. à 218. Table pp. 219 et 220. — 2e vol. Faux-titre. Portrait d'Eisen. Titre. Préface p. 1 n. pag. à 6. Texte des contes p. 7 n. pag. à 244. Epitaphe p. 245 n. pag. Table pp. 247 n. pag. et 248.

VIGNETTES. — Quatre-vingt-cinq figures réduction des planches des Fermiers Généraux. Elles portent en H ou M. un numéro d'ordre 1 à 85.
L'Edition des Fermiers contenant seulement 80 planches, voici comment sont réparties les 85 vignettes qui nous occupent :
On a ajouté pour le 1er volume : Un portrait de La Fontaine. Deux vi-

gnettes, réductions de refusées des *Fermiers*. *La Coupe enchantée* et *Richard Minutolo* placée dans le *Faucon*.

Dans le 2ᵉ volume on trouve en plus, le portrait d'Eisen et le *Tableau*, réduction de la planche refusée.

De plus le 1ᵉʳ volume contient 49 figures au lieu de 39, chiffre ordinaire ; en dehors des 3 pièces signalées plus haut, le volume comprend 7 vignettes avec leur texte classées généralement dans le 2ᵉ vol.; ces vignettes numérotées 75, 76, 77, 78, 79, 80, 49, sont : *Le Fleuve Scamandre*. — *La Confidente*. — *Le Remède*. — *Les Aveux indiscrets*. — *Le Contrat*. — *Le Quiproquo*. — *Le Villageois qui cherche son veau*.

Dans le 2ᵉ volume on trouve 35 planches numérotées de 43 à 85, les planches signalées ci-dessus manquent naturellement.

Le portrait de La Fontaine est ovale de 3/4 à G. entouré d'un cadre ovale avec nœud et guirlande de fleurs dans la partie supérieure. Il est comme fixé à une stèle à soubassement architectural et se détache sur un fond rectangulaire de 80 H sur 48 L. La planche est bordée d'un TC. doublé d'un filet. Aucun titre ni signature : le nᵒ 1 est inscrit en H au M.

Le portrait d'Eisen ovale 3/4 à G. est également dans un cadre ovale fixé sur un fond architectural avec soubassement. Comme le précédent portrait il n'a ni titre ni signature : il est bordé d'un TC. doublé d'un filet, mesure 84 H sur 51 L et porte en H le nᵒ 43.

LA MÊME que la précédente avec adresse différente. On lit à partir de la 7ᵉ ligne : Avec 85 figures en taille douce ‖ — ‖ Tome premier (ou second) ‖ — ‖ A Londres ‖ — ‖ 1801. ‖

Deux vol. in-12.

Quatre-vingt-cinq figures numérotées de 1 à 42 pour le 1ᵉʳ vol. et de 43 à 85 pour le 2ᵉ. — Nouveau tirage un peu fatigué des vignettes de l'Edition André 1801.

LA MÊME avec adresse différente : à la 10ᵉ ligne on lit : A Paris, ‖ Arthus Bertrand Libraire ‖ Quai des Augustins Nᵒ 35, ‖ An XI (1803).

Deux vol. in-12.

Réimpression identique de l'Edition, Londres 1801 voir ci-dessus.

1808 Contes || Et || Nouvelles en vers || Par || Jean de La Fontaine || à Paris || chez Tourneisen fils Libraire || 1808.

Deux vol. in-8. — 1ᵉʳ vol. Faux-titre. Titre. Notice sur la vie de La Fontaine p. 1 n. pag. à IV. Préface p. V à XII. Texte des contes p. 1 n. pag. à 203. Dissertation p. 205 n. pag. à 222. — 2ᵉ vol. Faux-titre. Titre. Avis au relieur. Préface p. 1 n. pag. à VIII. Texte des contes p. 1 à 269. Table pp. 271 et 272 numérotée 275.

Nouvelle édition sans culs de l. ni fleurons avec les vignettes des **Fermiers Généraux** retouchées et auxquelles on a supprimé le cadre.

Le premier volume comprend un titre gravé écrit en caractères divers ornementés de traits à la plume, et présentant au centre un fleuron portrait de La Fontaine : le titre du 2ᵉ volume est écrit en caractères ordinaires d'imprimerie avec une lyre au centre comme fleuron :

Le verso du faux-titre contient l'adresse : || de l'Imprimerie de L. Haussmann || Rue de la Harpe Nᵒ 89).

VIGNETTES. — Un portrait fleuron sur le titre : quatre-vingt-trois vignettes gravées d'après Eisen.

Les vignettes sont celles des Fermiers Généraux retouchées et sans cadres : mêmes dimensions, mêmes signatures souvent à peine lisibles : En plus des vign. ordinaires des Fermiers nous avons pour la *Coupe enchantée* 2 p. refusées et pour le *Tableau* 1 p. refusée : On rencontre des exemplaires avec les vignettes coloriées.

1874 Contes || Et || Nouvelles || en Vers || Par M. de La Fontaine || Tome premier (ou second). A Paris || chez A. Barraud, Editeur || 23, Rue de Seine, 23 || M. DCCC. LXXIV.

Deux vol. in-8. — 1ᵉʳ vol. Faux-Titre. Portrait. Titre. Recherches, etc. p. VI n. pag. à XXXIV. Avertissement pp. XXXV n. pag. et XXXVI. Explications, etc. p. XXXVI, n. pag. à XLVI. Vie de La Fontaine p. I n. pag. à V. Préface p. VII n. pag. à XII. Texte des contes p. 1 n. pag. à 240. Dissertation p. 241 n. pag. à 265. Table pp. 267 n. pag. et 268. — 2ᵉ vol. Faux-titre pp. 1 n. pag. et II. Portrait d'Eisen. Titre pp. III n. pag. et IV n. pag. Préface pp. V n. pag. et VI. Texte des contes p. 1 n. pag. à 316. Epitaphe p. 317 n. pag. Table pp. 319 n. pag. et 320.

VIGNETTES. — Un portrait de La Fontaine. Un portrait d'Eisen. Quatre-vingt-trois vignettes d'après Eisen. Soixante-quatorze en tête de pages et culs de l. Nouvelle contrefaçon des planches des Fermiers Généraux.

Les cuivres après avoir servi à l'Édition de 1808 (sans cadre) et après avoir encore fait l'objet d'un nouveau tirage sans texte vers 1860 ont, été achetés par M. Barraud, qui les a fait retoucher et a fait également rétablir les cadres qui figuraient pour l'édition originale : Nous avons donc ici un nouveau tirage des Fermiers : les signatures sont même plus visibles que précédemment.

Cependant tout en voulant reproduire exactement l'édition de 1762 on a encore apporté certaines modifications.

En ce qui concerne les vignettes hors texte, on a ajouté :

Au 1er vol. la 2e planche de la Coupe enchantée.

Au 2e vol. la 2e planche de l'Oraison de Saint-Julien et la 1re du Tableau ; ces trois pièces figurent parmi les refusées dans l'Edition de 1762.

Quant aux culs de lampe et fleurons, dix-sept compositions nouvelles ont été créées :

T. 1er. Le fleuron de titre ; — La maison de La Fontaine ; — Le tombeau de La Fontaine au Père-Lachaise : — Une vignette en tête de page pour Joconde, sign. à G. J. Fesquet inv : Des culs de l. pour *A Femme avare* — *Le Faucon*, — *Belphégor* et la 2e *Imitation d'Anacréon* : — Une vignette en tête de la dissertation sur la Joconde — Un cul de l. à la fin de la table :

T. II. Une vignette en tête du 1er conte sign. à G. J. Fesquet inv. — Culs de l. pour *Les Cordeliers*, — *Le Berceau*, — *Comment l'Esprit..* — *Le Cas de Conscience*, — *Les Lunettes* et *Le Cuvier*.

On trouve des tirages à part pour ces nouvelles vignettes et culs de l.

Cette édition a été tirée à 1604 exemplaires, savoir :

500 papier vergé	900 papier vélin
100 papier chine	100 papier Wahtmann
4 sur peau vélin	

Il y a eu des tirages analogues de vignettes et quelques suites en sanguine.

L'Editeur devait également publier un certain nombre de vignettes libres supplémentaires : les cuivres en avaient été préparés, mais ils ont été saisis à temps et le tirage en a été suspendu, amenant à son auteur un procès et une condamnation : ces vignettes supplémentaires étaient la copie des planches de 1762 qui prêtent le plus à ce genre de publication.

Duplessi-Bertaux

Édition originale 1778

Reproduction : 1861

~~~~~~~~~~~~~~~~

1778 Contes || Et || Nouvelles || en vers || par || M. De La Fontaine. || Tome premier (ou second) || A Londres. || M.DCC.LXXVIII. ||

Deux vol. in-16 : 1er vol. XXIV, 272 pp. et 1 f. n. pag. pour la table. — 2e vol. VIII, 296 pp. et 1 f. n. pag. pour la table.

Ce sont les deux premiers tomes d'une édition en 4 volumes intitulée : Recueil || des || meilleurs contes || en vers. ||

Ces deux premiers volumes contiennent 61 contes de La Fontaine auxquels il y a lieu d'ajouter, si l'on veut rentrer dans le cadre adopté pour l'édition des Fermiers Généraux, 3 contes de M. Autereau (*La Couturière, Le Gascon, La C. . . .*, pp. 221, 223, 225, T. IV) et 2 contes de M. Vergier (*Le Rossignol et Promettre est un*, pp. 127 et 165 du T. III).

VIGNETTES spéciales à La Fontaine : 1 portrait 70 ou 71 vignettes en tête de pages.
~~~~~~~~~~~~~~~~

La Fontaine 3/4 à G. : ovale de 47 H sur 40 L, entouré d'un cadre uni, surmonté d'un nœud de ruban. Ce cadre est fixé en saillie sur un fond rectangulaire encadré formant dans la partie inférieure un soubassement présentant au centre un cartouche sur lequel on lit : Jean de La Fontaine || Né à Château-Thierry le 8 Juillet || 1622. Mort à Paris le 13 Mars 1695 || Agé de 74 ans. ||

1778

Dimension totale : 91 H sur 59 L n. sign.

Les vignettes, en tête de pages bordées d'un TC mesurent environ 43 H sur 60 L, sans aucune signature. Elles ont été dessinées et gravées par Duplessi-Bertaux. Elles sont au nombre de 65, *la Gageure de trois commères* ayant deux sujets et 70 pièces si l'on y joint les 5 contes précités : on a de plus un portrait en tête du 1er vol.

La suite devait sans doute comprendre primitivement 2 sujets pour le conte *Le Roi Candaule* et *Le Maître en droit*, 1 pour *Le Roi Candaule* et 1 pour *Le Maître en droit*. Cette seconde vignette, qui manque dans les illustrations régulières de l'édition, figure quelquefois dans la suite des tirages à part : elle a également été reproduite dans la réimpression des vignettes faite par Leclerc en 1861 (voir iconographie).

On rencontre pour ces 71 vignettes des tirages à part à l'eau-forte pure et en épreuves terminées.

La suite complète à l'eau forte est introuvable, et celle en épreuves terminées, bien que très rare, est intéressante à rechercher en *ancien tirage* avec marge, petit in-8. J'ai souligné le mot en ancien tirage car les vignettes spéciales à La Fontaine ont fait l'objet de tirages postérieurs en 1861 et en 1879 chez Leclerc fils et chez Lemonnyer (voir iconographie).

Les vignettes en tête de pages qui précèdent n'ont-elles pas dû être dans le principe des vignettes hors texte du format de l'Edition 1778 ? J'ai eu l'occasion de voir dans ce dernier état une planche à l'eau-forte pure *Le Savetier* — (87 H sur 64 L bordée d'un TC.) : c'est la copie en contre-partie de l'en-tête de page de 1778. Les personnages sont un peu plus grands, mais les fonds sont surtout plus importants et plus élevés.

Je demande au lecteur de vouloir bien me signaler les pièces similaires qu'il possède.

Contes || Et || Nouvelles, en vers || par || Jean de La Fontaine || Tome premier (ou second || A Paris. || Leclerc fils, Editeur. || Rue Monsieur-le-Prince, n° 1 || 1861.

1861

Deux vol. in-12 : 1er vol. 2 T. IV et 260 pp. y compris la table. — 2e vol. 2 T. V et 307 pp. y compris la table.

Ces deux volumes se vendent séparément et forment également les 2e

1861 et 3e vol. des *Petits Conteurs*. 4 vol. publiés par Leclerc, réimpression de l'Edition Cazin de 1778, v. p. 64.

Il y a eu un tirage numéroté de 100 ex. en grand papier.

VIGNETTES : 2 portraits fleurons, La Fontaine et Duplessi-Bertaux et 69 vignettes en tête de pages.

Ces vignettes, en tête de pages, sont un nouveau tirage des cuivres de 1778, dessinés et gravés par Duplessi Bertaux : les épreuves sont moins fines et poussées au noir.

Les 2 volumes de 1778 ne contenaient que 64 contes : nous avons ici les 69 contes généralement réunis dans les éditions de La Fontaine et par suite 69 vignettes, car on a supprimé la 2e planche des Trois commères qui figure dans l'Edition de 1778. On a ajouté un fleuron-portrait sur le titre de chacun des volumes : le portrait de La Fontaine au T. Ier, celui de Duplessi-Bertaux au T. II.

Fleuron de titre du 1er vol. Le portrait de La Fontaine 3/4 à D.; ovale de 38 H sur 30 L, sans cadre et signé à la p. suivant l'ovale, à G. h Rigault p^t — à D. Dupreel sc.

Fleuron de titre du 2e vol. Portrait de Duplessi-Bertaux 3/4 à D. : ovale de 34 H sur 29 L sans cadre signé au pointillé Duplessi-Bertault aqua forti. Voir aux pièces séparées les tirages à part de ces en tête de pages.

Desrais

1780, 1790

Contes || Et || Nouvelles, || en Vers, || par J. de La Fontaine. || **1780**
A Londres. || — || M. DCC. LXXX.

Deux vol. in-12. — 1er vol. Faux-titre. Portrait. Titre. Texte
des contes p. 1 n. pag. à 210. Dissertation p. 211 à 254. Texte
de deux contes p. 235 à 251. Table p. 252. — 2e vol. Faux-titre.
Titre. Texte des contes p. 1 n. pag. à 214. Table pp. 215 et 216.

Un portrait et vingt-quatre vignettes hors texte, plus une refusée.
Les vignettes dessinées par Desrais, Goujet et gravées par Aveline,
Deny, Delvaux, Maillet, Mme Lingée, Graux. (?)
Le portrait anonyme est une réduction du portrait gravé par Ficquet
(La Fontaine au ruisseau blanc.) Voir plus bas.
Les vignettes, sans titre, sont toutes bordées d'un double TC. : Elles
mesurent environ 81 H sur 63 L. sont signées presque toutes à la pointe
et portent en H au dessus du TC. à G. T...... : à D. P......
On trouve pour ces vignettes :
1° Les avec lettres ordinaires tirées d'un texte ;
2° Les mêmes deux à la planche : état pur du tirage ;
3° Les avant lettres : celles qui n'ont en H aucune indication de tomaison ou de pagination ;

4° Les eaux-fortes......, très rares. — Connaît-on la suite complète ?

Le Portrait : La Fontaine 3/4 à G. dans un ovale : planche bordée d'un TC. et mesurant 81 1/2 H sur 50 L. Réduction identique du portrait de Ficquet dit « au Ruisseau blanc. »

VIGNETTES.

Page 1, **Joconde** (*Scène du fou*) — 85 H sur 53 L. — sign. au pointillé à G. C. L. Desrais del.

Avant lettre sans n° en H même sign.

Eau-forte — ? —

Page 10, **Joconde** (*Scène du lit*) — 83 H sur 55 L. : sign. au pointillé : C. L. Desrais del.

Avant lettre sans n° même sign.

Eau-forte (?)

Page 27, **Richard Minutolo** — 84 H sur 57 L. — sign. gravée à G. Goujet inv. 1779 — à D. F. A. Aveline Sculp.

Avant lettre sans n° même sign.

Eau-forte (?)

Page 51, **Le Cocu battu et content** — 81 H sur 54 L. — sign. au pointillé à G. C. L. Desrais del. — à D. Jⁿ Deny sculp.

Avant lettre sans n° même sign.

Eau-forte (?)

Page 70, **Le Mari confesseur** — 81 H sur 52 L. — sign. gravée à G. L. Desrais inv : — au M. 1775. — à D. R. D'Elvaux sculp.

Avant lettre sans n° en H même sign.

Eau-forte.

Page 90, **Le Savetier** — 83 H sur 53 L. — sign. à la pointe à G. L. Desrais inv. — au M. 1775. — à D. R. Delvaux Sculp.

Avant lettre sans n° en H même sign.

Eau-forte (?)

Page 111, **Le Paysan qui avait offensé son Seigneur** — 84 H sur 54 L. — sign. à la pointe à G. C. L. Desrais inv. 1775 — à D. J. Maillet sculp.

Avant lettre sans n° en H même sign.

Eau-forte ?

Page 135, **Le Muletier** — 82 H sur 54 L. — sign. au pointillé à G. C. L. Desrais del. — à D. Jⁿ deny fecit.

Avant lettre sans n° en H, même sign.

Eau-forte ?

Page 165, **La Servante justifiée** — 83 H sur 56 L. — sign. à la pointe à G. Desrais inv : au M. 1776 — à D. R. D. XX sculp.

Avant lettre sans n° en H même sign.

Eau-forte

Page 172, **La Gageure des trois Commères** (*La servante*) — 82 H sur
51 L — sign. au pointillé à G. C. L. Desrais del — à D. J⁰⁰ Deny sculp.
    Avant lettre sans n° en H même sign.
    Eau-forte avant toutes lettres.

Page 191, **Le Calendrier des Vieillards** — 82 H sur 56 L — sign. à la
pointe à G. L. Desrais inv 1776 — à D. G. Y.
    Avant lettre sans n° en H même sign.
    Eau-forte ?

Page 208, **A Femme avare galant escroc** — 82 H sur 51 L. — sign. au
pointillé à G. C. L. Desrais del. — à D. deny fecit.
    Avant lettre sans n° en H même sign.
    Eau-forte ?

Page 1, **La Fiancée du roi de Garbe** (*La Grotte : scène aux petits
pieds*) — 82 H sur 51 L — sign. à la pointe à G. C. L. Desrais inv 1775 —
à D. J⁰. Maillet Sculp.
    Avant lettre sans n° en H même sign.
    Eau-forte ?
    Planche refusée assez rare à trouver — 54 H sur 82 L — sans tomai-
son ni pagination en haut. La scène précédente de la grotte, scène assez...
discrète et en partie cachée par des arbustes, se passe ici à ciel ouvert au
pied d'un rocher.

Page 22, **La Fiancée du roi de Garbe** — 2ᵉ pl. — (*L'Infante*) — 83 H
sur 51 L — sign. au pointillé à G. C. L. Desrais del — à D. J⁰⁰ Deny sculp.
    Avant lettre sans n° en H même sign.
    Eau-forte ?

Page 32, **La Coupe enchantée** — 82 H sur 50 1/2 L — sign. à la pointe
à G. C. L. Desrais Inv. — au M. 1775 — à D. gravée par Mᵐᵉ Lingée.
    Avant lettre sans n° en H même sign.
    Eau-forte ?

Page 57, **Le Faucon** — 82 H sur 52 L — sign. à la pointe à G. C. L.
Desrais inv — au M. 1775 — à D. Gravé par Mᵐᵉ Lingée.
    Avant lettre sans n° en H même sign.
    Eau-forte ?

Page 86, **Pâté d'Anguille** — 81 H sur 51 L — sign. à la pointe à D.
Graux.
    Avant lettre sans n° en H même sign.
    Eau-forte ?

Page 106, **Le Magnifique** — 82 H sur 57 L — sign. gravé à G. C L Desrais del — à D. Avelino lain. Sculp. 1778.
    Avant lettre sans n° en H même sign.
    Eau-forte ?

1780

Page 112, **Le Magnifique** (*Scène de l'enlèvement*) — 83 1/2 H sur 57 L — sign. au pointillé à G. C. L. Desrais del — au M. 1776 — à D. J⁰⁰ Dony fecit.

Avant lettre sans n° en H même sign.
Eau-forte ?

Page 240, **Le Glouton** — 82 H sur 86 L — sign. sur la planche à D. Graux.

Avant lettre sans n° en H même sign.
Eau-forte ?

Page 153, **Alix malade** — 83 1/2 H sur 57 L — sign. gravé à G. C L Desrais del 1779 — à D. A. Aveline Sculp.

Avant lettre sans n° en H même sign.
Eau-forte ?

Page 170, **Le Baiser rendu** — 82 1/2 H sur 52 1/2 L — sign. au pointillé à G. C L. Desrais del — à D. J⁰⁰ Dony sculp.

Avant lettre sans n° en H.
Eau-forte ?

Page 105, **Sœur Jeanne** (placée à tort en face le conte *La Couturière*) — 82 H sur 57 L — sign. gravé à G. C. L. Desrais del. — à D. Aveline ainé sculp 1778.

Avant lettre sans n° en H même sign.
Eau-forte ?

Page 202, **Le Rossignol** — 81 H sur 55 L — sans sign.
Avant lettre sans n° en H.
Eau-forte ?
Une contrefaçon partielle a paru en 1790.

1790

Contes || Et || Nouvelles, || en vers || par || J. de La Fontaine || — || Tome premier (ou deuxième) || — || A Londres || — || M. DCC. XC. ||

Deux vol. in-12 : 1ᵉʳ vol. 124 pp. y compris titre, faux titres et table. — 2ᵉ vol. 224 pp. y compris, titre, faux titres et table.

Réimpression de l'édition Cazin de 1780. Le nombre de pages diffère, mais les titres et faux-titres sont semblables.
Deux vignettes : Une en tête de chaque volume. Ce sont des imitations

anonymes en contre-partie de deux des vignettes de Desrais de l'édition 1780, savoir :

Joconde (*Scène du fou*) en tête du 1ᵉʳ vol. — sans sign. — 82 1/2 H sur 52 L.

Le Rossignol en tête du 2ᵉ vol. — sans sign. — 80 H sur 53 1/2 L.

On trouve également ces volumes avec les 22 fig. de Desrais et le portrait.

Fragonard

1795, 1883

 Contes ‖ Et ‖ Nouvelles‖en Vers ‖ Par‖Jean de La Fontaine. ‖ Tome premier (ou second). ‖ A Paris, ‖ De l'Imprimerie de P. Didot l'Aîné.‖ L'an III de la République.‖ M.DCC.XCV. ‖

1ᵉʳ vol. Faux-titre pp. 1 n. pag. et II. Titre avec fleuron pp. II n. pag. et III. Vie de La Fontaine p. V à VII. Préface p. 1 n. pag. à 4. Texte des contes p. 5 n. pag. à 254 Dissertation p. 255 à 280. Table 2 pp. n. pag. — 2ᵉ vol. Faux-titre. Titre. Préface p. 1 n. pag. à 5. Texte des contes p. 7 n. pag. à 331. Table 2 pp. n. pag. — Un fleuron sur le titre du 1ᵉʳ vol. et vingt vignettes in-4 gravées par Lingée, Trière. Delignon, Tilliard, Dambrun, Aliamet, Patas, Halbou, Dupréel, Simonet, d'après Fragonard, Mallet, Touzé, Monnet.

L'édition a été tirée à 550 exemplaires, dont 150 ex. sur papier vélin et 400 ex. sur papier vélin grand raisin.

Cette belle édition des contes de La Fontaine, qui aurait été le chef-d'œuvre du XVIIIᵉ siècle et qui aurait pu rivaliser avec l'édition des Fermiers Généraux, devait être ornée de 80 gravures dessinées par Fragonard.

Malheureusement, comme le dit Cohen dans le *Guide de l'Amateur*, etc. (coll. 312) « les amateurs de publications splendides et chères... s'occupaient « beaucoup plus de politique que de livres et songeaient plus à sauver leur « tête qu'à orner les rayons de leurs bibliothèques. » Les souscripteurs étaient rares ; le texte seul a donc été terminé : deux livraisons de gravures ont seulement été publiées, et le fleuron du 2ᵉ volume n'ayant pas été gravé a été remplacé plus tard par celui du 1ᵉʳ vol.

Avant de parler des gravures, je crois devoir faire quelques observations sur les différents tirages du texte de cette édition, en ce qui concerne les faux-titres et titres :

1° Dans beaucoup d'exemplaires le fleuron manque au centre du titre du 2ᵉ volume. Je serais tenté de croire que c'est le bon tirage, et que c'est postérieurement qu'on a remplacé le fleuron absent par celui du 1ᵉʳ volume. En effet, dans le prospectus des gravures nous lisons que « le Frontispice du second volume sera donné avec une des livraisons suivantes. »

2° Dans d'autres exemplaires le titre du 2ᵉ volume est changé comme adresse. Nous trouvons 5 lignes de texte et un double tiret semblables au 1ᵉʳ vol. ; pas de fleuron et l'adresse suivante :

A Paris. ‖

Chez : Delafosse graveur, rue du Carousel, n° 596.
Saint-Aubin, graveur, rue des Prouvaires, n° 54.
Tilliard, graveur, enclos de la Cité, n° 2.

L'an III de la République. ‖ 1795. ‖

(On retrouve ici trois des adresses de graveurs qui figurent sur le prospectus des figures.)

3° Enfin on rencontre des exemplaires en tout semblables comme texte au 1ᵉʳ tirage mais pour lesquels on a modifié, dans les deux volumes, le faux-titre et le titre :

Faux-titre : Collection ‖ des auteurs classiques ‖ Français et Latins. ‖

Titre : Le même que le 1ᵉʳ tirage, sans fleuron, mais en caractères plus serrés et plus grands : 21 0/000 pour le T. de La Fontaine au lieu de 18 0/000 — 8 0/000 pour X de la date au lieu de 6 0/000.

Ces changements ont dû être effectués vers 1810 pour écouler ce qui restait d'exemplaires chez Didot.

VIGNETTES. — 1 fleuron sur le titre du 1ᵉʳ vol. et 20 vignettes in-1 gravées par Lingée, Trière, Delignon, Tilliard, Dambrun, Aliamet, Patas, Halbou, Dupréel, Simonet, d'après Fragonard, Mallet, Touzé, Monnet, etc.

Fleuron du titre à claire voie signé au pointillé à D. PP Choffart ‖ 85. ‖ : il représente un amour ailé tenant à la main un flambeau et volant de G. à D. au milieu de papillons et d'oiseaux. De nombreuses flèches s'échappent de son carquois ; le tout se détache sur un fond nuageux : dans le haut de la planche on lit deux vers gravés à la pointe.

ÉTATS : *Tirage à part* comme ci-dessus.
Eau-forte pure.
Tirage à part en couleur : (Collection de M. Piet). L'amour

et la draperie sont légèrement imprimés en couleur : il y a
de plus certaines différences avec le tirage ordinaire : 1° Au
bout de l'aile à G. du Génie, à D. de la planche, les tailles du
burin sont différentes. 2° de même sur l'épaule gauche du
Génie dans la draperie. 3° même observation pour la draperie qui se trouve sous l'épaule droite. 4° dans la signature
le pointillé est plus espacé.

Tirage à part et eau-forte sur papier de soie dans la collection de MM. Beraldi.

LES GRAVURES. — Les figures devaient être publiées par livraisons. Une seule livraison a paru, contenant vingt gravures renfermées
dans une couverture bleue ou rose portant comme titre : Figures || des ||
Contes de La Fontaine || In-quarto, tirées sur papier vélin || Destinées à
orner l'Edition des Contes en deux volumes in-4° || imprimés par Didot
Aîné. ||

En dessous du titre se trouve un prospectus reproduit in-extenso dans
le Guide de l'Amateur, etc. de Cohen (coll. 312 et 313), et la liste des pièces
parues.

Ce sont les vingt planches régulières que l'on rencontre dans les
exemplaires ordinaires. On les trouve avec la lettre, avant la lettre, en
épreuves d'artistes et à l'état d'eau-forte. Elles mesurent environ 184 à 187
H sur 121 à 127 L, et sont bordées d'un simple TC. Les avec lettres sont
signées par le dessinateur et le graveur et portent en H contre le TC.
l'indication du classement : à G. Tom. ..., au M. n° ... — à D. Pag. ... Les
avant lettres sont sans signatures et sans les indications précitées en H
contre le TC. Toutefois dans les épreuves à gr. marge on les retrouve à
40 m/m du TC. écrits à la p. en lettres majuscules. Les autres états avant
toutes lettres ou avec des sig. div. sont détaillées plus bas.

En dehors de ces vingt planches on rencontre encore des pièces plus ou
moins rares, en un ou plusieurs états : ce sont les planches commencées ou
presque terminées qui sont restées chez l'éditeur ou chez le graveur et
n'ont pas été mises dans le commerce.

On en connaît 17 environ dont on trouvera plus loin le détail.

On peut donc former un exemplaire de 37 sujets différents, chiffre qui
peut dépasser la centaine si l'on a la chance très rare de réunir tous les
états que j'ai vus... et ceux que je ne connais pas.

En dernier lieu je dois signaler que le *Cocu battu et content* a été
gravé deux fois, que trois planches (le *Fil de la Gageure*, le *Juge de Mesle*
et la *Clochette*) ont été presque terminées dans le courant du XIX° siècle et
que le *Poirier de la Gageure* et le *Chevalier de la Fiancée* ont été retouchés nouvellement.

LES VINGT PLANCHES ORDINAIRES

1. **Joconde** (*Le lit*). — Les dormeurs placés de D. à G. : la femme de
3/4 à G. tête de 3 1/4 à D. : à G. le galant qui entre dans le lit, de profil
à D.

Avec lettre en H à G. Tom 1er — au M. no 1er — à D. page 22. — Sign. gr. à G Invé et Dessé par Hré Fragonard — à D. Gravé par C. L. Lingée.

Avant lettre en H à 40 m/m du TC. — à G. Tome 1er — au M. n 1er — à D. p. 22 ; sans sign. en bas.

    •   Etat sign. à la p. en bas.

Eau-forte avant toutes lettres.

2. **Joconde** (*La récompense*). — La fillette à G. de profil à D. à genoux, appuyée contre une table : les deux hommes au M , l'un de face, l'autre de profil à G. tient une bague au bout des doigts.

Avec lettre en H à G. Tom. 1er — au M. no 1 — à D. pag. 25 — Sign. grav. à G. Invé et Dessé par Mallet — à D. gravé par Ph. Trierre.

Avant lettre en H à la p. à G. Tom. 1er — au M. no 1er — à D. Pag. 25 ; sans sign. en B.

    •   Etat sans indicn en H — sign. en B. au M. retourné, 1Pr aqua fu — à D. au pointillé Ph Trière sculp.

Eau-forte sign. au M. 1 Pr aqua fu retourné.

3. **Le Cocu battu et content.** — Au milieu d'une chambre éclairée par un lustre à *4 bougies* et devant un paravent, le mari de profil à D., coiffé d'un bonnet, est en train de revêtir une robe de femme. En face de lui une femme de 3 1/4 à G. regarde vers la G. un homme dont on aperçoit la tête au dessus du paravent et lui fait signe de se taire.

Avec lettre en H à G. Tom. 1er — au M. n° 2 — à D. pag. 29 — Sign. gravé à G. Invé et Dessé par Hré Fragonard. — à D. Gravé par J. L. Delignon.

Avant lettre indic. de tom. en H à la p. sans sign. en B.

    •   Etat s'gn. en B. à la p. à G. Fragonard inv. à D. Delignon Sculp 1793.

Eau-forte avant toutes lettres.

NOTA. — *La même planche différente.* Le lustre n'a que 3 bougies : les personnages sont plus grands ; la coiffure de la femme est plus importante ; le fauteuil à G. est coupé par le TC. d'une façon plus sensible.

Avant lettre avant toutes lettres.

Eau-forte avant toutes lettres.

4. **Le Mari confesseur.** — Une femme est assise sur un canapé entourée par quatre gentilshommes : l'un de profil à G. est assis sur un fauteuil ; un deuxième de 3/4 à D. porte à ses lèvres la main de la dame, tandis que celle-ci regarde le troisième personnage appuyé sur le dossier du canapé ; enfin un quatrième debout semble annoncer l'entrée d'un gentilhomme que l'on aperçoit au fond, de face, sur le pas de la porte, soulevant une portière.

Avec lettre en H à G. Tom. 1er — au M. n° 3 — à D. pag. 37 — Sign. grav. à G. Invé et Dessé par Hré Fragonard — à D. Gravé par J. B. Tilliard.

Avant lettre indic. en H à la p. sans sign. en B.

Eau-forte avant toutes lettres.

1795

5. **Le Savetier.** — La femme placée à D. de profil à G. est à moitié renversée par le galant étendu près d'elle sur le lit de profil à D. A G. le mari de 3/4 à D. sort d'un tonneau dans lequel il était caché.

Avec lettre en H à G. Tom. Ier — au M. nº 4 — à D. page 39 — Sign. gravé à G. Invé et Dessé par Hré Fragonard — à G. Gravé par J. Dambrun.

Avant lettre en H indications à la p. sans sign. en B.

Etat avec sign. à la pointe en B.

avant toutes lettres ; le sein de la femme est couvert comme sur l'eau-forte.

Eau-forte avant toutes lettres.

6. **Le Paysan qui avait offensé son seigneur.** — Le paysan de 3/4 à D , tête de face, et à genoux devant son seigneur placé à D. de 3/4 à G. A G. un serviteur présente au paysan un plateau couvert de gousses d'ail : à D. deux personnages regardent la scène tandis qu'un serviteur au fond apporte un fagot de bois.

Avec lettre en H à G. Tom. Ier — au M. nº 5 — à D. p. 41 — Sign. grav. à G. Invé et Dessé par Hré Fragonard — à D. Gravé par C.L. Lingée.

Avant lettre mêmes indic. à la p. en H sans sign. en B.

Etat sign. à la p. en B.

Eau-forte avant toutes lettres.

7. **La Gageure des trois commères** (*la Servante*). — Au fond le mari couché de D. à G. : la femme de face tournée vers son mari pousse la servante vers la porte à G.

Avec lettre en H à G. Tom. Ier — au M. nº 8 — à D. p. 19 ; chiffre erroné pour 69. — Sign. grav. à G. Invé et Dessé par Fragonard — à D. Gravé par Ph. Trière.

Avant lettre mêmes indic. à la p. en H sans sign. en B.

Etat sign. au pointillé à G. H Fragonard del — à D. Ph. Trière sculp. — Des travaux restent à faire sur le lit et sur le parquet ; les seins de la femme sont plus couverts.

Eau-forte avant toutes lettres.

8. **Le Calendrier des vieillards.** — Le groupe est de face : la femme est assise sur les genoux de son mari qui lui montre de la main gauche un calendrier pendu au mur.

Avec lettre en H à G. Tom. Ier — au M. nº 9 — à D. pag. 75 — Sign. grav. à G. Invé et Dessé par Hré Fragonard — à D. Gravé par J. Dambrun.

Avant lettre mêmes indic. à la p. en H sans sign. en B.

Etat avec le nom du gr. à la p.

Eau-forte avant toutes lettres.

9. **A femme avare galant escroc.** — Gulphar assis de face sur un canapé attire à lui la femme placée à sa droite et qui compte des écus rangés sur un bureau.

Avec lettre en H à G. Tome Ier — au M. nº 10 — à D. page 87. — Sign. grav. à G. Invé et Dessé par Hré Fragonard — à D. Gravé par Jques Aliamet.

Etat en couleur.
Avant lettre mêmes indic. à la p. en H sans sign. en B.
Eau-forte avant toutes lettres.

10. On ne s'avise jamais de tout. — Dans une cuisine, le galant de profil à G. se jette dans les bras de la femme de profil à D. tandis qu'une servante, de dos, essuie sa robe : une deuxième servante, de face, accroupie nettoie le bas de la jupe. Par une porte ouverte à D. on aperçoit la duègne de dos.

Avec lettre en H à G. Tom. 1er — au M. no 11 — à D. pag. 91 — Sign. grav. à G. Invé et Dessé par Hté Fragonard — à D. Gravé par J. Bte Patas

Avant lettre mêmes indic. à la p. en H sans sign. en B

     •   sign. à la p. à G. fragonard del — à D patas sculp.

Eau-forte très avancée avant toutes lettres.

     •   peu avancée   »   •

     •   »   »   •   en contre-partie.

11. Le Gascon puni. — Le lit placé de D. à G. : la femme qui sort du lit de 3/4 à G. la tête tournée vers le Gascon. On voit au pied du lit une femme et un homme de profil à D. se montrant du doigt le Gascon ; l'homme a une torche à la main.

Avec lettre en H à G. Tom. 1er — au M. no 12 — à D. pag. 90 au lieu de 83 — Sign. grav. à G. Invé et Dessé par Hté Fragonard — à D. Gravé par Halbou.

Avant lettre mêmes indic. à la p. en H sans sign. en B.

     •   Etat avec les noms des artistes à la p.

Eau-forte avant toutes lettres.

12. La Fiancée du roi de Garbe (*La Cassette*). — Alixcel sur le dos d'Hyspal de profil à D. aborde sur des rochers à D., une flotte navigue dans le fond à G.

Avec lettre en H à G. Tom. 1er — au M. no 13 — à D. pag. 99 — Sign. grav. à G. Invé et Dessé par Chle Monnet — à D. Gravé par J B Tilliard.

Avant lettre mêmes indic. à la p. en H sans sign en B.

Eau-forte avant toutes lettres.

13. La Coupe enchantée. — Dans un salon assis à G. devant une table, Damon de profil à D. porte à ses lèvres une coupe qui déborde : de l'autre côté de la table deux personnages debout contemplent cette scène.

Avec lettre en H à G. Tom. 1er — au M. no 14 — à D. pag. 159 — sign. grav. à G. Invé et dessé par Hté Fragonard — à D. Gravé par Dupréel.

Avant lettre indic. à la p. en H sans sign. en B.

     •   Etat, le nom du grav. à la p.

Eau-forte avant toutes lettres.

14. Le Faucon. — Dans une chambre rustique avec au fond un escalier de bois : Frédéric de 3/4 à D. assis devant une table répond à une femme placée de l'autre côté de la table de profil à G.; au second plan une servante apporte un plat.

Avec lettre en H à G. Tom. 1er — au M. n° 15 — à D. pag. 157 — sign. grav. à G. Invé et Dessé par Hte Fragonard — à D. Gravé par J. B. Tilliard.

Avant lettre indic. à la p. en H sans sign. en B.

    •   Etat avant des travaux sur la robe et dans les fonds : avant la tache sur la fig. de la femme.

    ·   Etat comme ci-desssus avec les noms à la p.

Eau-forte avant toutes lettres.

15. Le Pâté d'anguille. — Un cuisinier presque de face apporte un pâté : le valet de profil perdu à G. assis devant la table, se cache la figure de dégoût : deux personnages debout de profil à D. placés de l'autre côté de la table invitent le valet à manger de ce plat.

Avec lettre en H à G. Tom. 1er — au M. n° 17 — à D. pag. 193 — Sign. grav. à G. Invé et Dessé par Hte Fragonard — à D. Gravé par J. Be Patos

Avant lettre indic. à la p. en H sans sign. en B.

    •   Etat avant beaucoup de travaux.

Eau-forte avant toutes lettres.

16. Le Magnifique. — Au fond à G. une femme assise de face un éventail à la main, le coude appuyé sur une table : à D. au deuxième plan, Aldobrandin presque de face, soulève une portière et conduit en riant le Magnifique : celui-ci de 3/4 à D. pousse la porte par laquelle il sort.

Avec lettre en H à G. Tom. 1er — au M. n° 18 — pag. 201 — Sign. grav. G. Invé et Dessé par Hte Fragonard — à D. Gravé par J. B. Tilliard.

Avant lettre indic. à la p. en H sans sign. en B.

    •   Etat avant beaucoup de travaux.

Eau-forte avant toutes lettres.

17. La Matrone d'Ephèse. — Dans la crypte d'un tombeau la matrone à genoux de G. à D. pleure la tête dans ses mains. Derrière elle une suivante de profil à D. cherche à la consoler, à D. un soldat de 3/4 à G. se penche vers la matrone.

Avec lettre en H à G. Tom. 1er — au M. n° 19 — à D. pag. 212 — Sign. grav. à G. Invé et Dessé par Hté Fragonard — à D. Gravé par J. L. Delignon.

Avant lettre indic. à la p. en H sans sign. en B.

        Etat sign. à la p. à G. fragonard. Invenit. — à D. Delignon sculp.

    •   Etat avec le nom de Fragonard seul.

Eau-forte sign. à la p. à G. fragonard invenit — à G. A. J. Duclos aquaforti. 1793.

18. Belphégor. — Une chambre rustique avec fenêtre ouverte de face au fond, à D. un homme, avec jambes de faune, salue un groupe placé à G. A G. une femme épouvantée, presque de face, tend les mains vers la G.

devant elle, assis dans un fauteuil, un homme de profil à D. semble effrayé
par la venue du visiteur; un enfant se réfugie entre ses jambes et un chien
aboie l'étranger.

Avec lettre en H à G. Tom. 1er — au M. no 20 — à D. pag. 221 — Sign.
grav. à G. Invé et Dessé par Hre Fragonard — à D. Gravé par J. Bte Patas.

Avant lettre indic. à la p. en H sans sign. en B.

> Etat avec les noms d'artistes à la p.

Eau-forte sign. à G. Dessiné par fragonar — gravé à l'eau-forte par
A. J. Duclos en 1794.

19. Le Glouton. — Le Glouton est penché vers la table de D. à G. les
pieds sur un tabouret : il est entouré de quatre personnages, dont l'un debout de l'autre côté de la table de 3/4 à D.

Avec lettre en H à G. Tom. 1er — au M. no 22 — à D. pag. 39 au lieu de
239 — Sign. gravé Invé et Dessé par Touzé — à D. Gravé par J. B Simonet.

Avant lettre indic. en H à la p. — sign. à la p. en B. à G. Touzé Del inv
— à D. J B Simonet sculp 1794.

Eau-forte avant toutes lettres.

20. Le Baiser rendu. — Dans un jardin, le paysan de face, tête de profil à G. embrasse la jeune femme de face. Le gentilhomme de profil à D. regarde rendre le baiser.

Avec lettre en H à G. Tom. 1er — au M. n 26 — page 247 — Sign. grav.
Invé et Dessé par Touzé — gravé par C. L. Lingée.

Avant lettre indic. à la p. en H sans sign. en B.

Eau-forte sign. au M. CL Lingée. Sculp.

PIÈCES SUPPLÉMENTAIRES

AVANT LETTRE ET EAUX-FORTES

1. Joconde (*Le Départ*). — La femme de Joconde assise à D. de profil à
G. tient dans ses mains un portrait qu'elle tend à son mari. Celui-ci de face
est entraîné par un personnage vers la porte du fond.

Avant lettre.

Eau-forte sans sign.

2. La Gageure des trois commères (*Le Poirier*). — Dans un jardin
sous un poirier touffu ; maison à G. : le galant, étendu près de la femme, l'enlace dans ses bras ; groupe placé de D. à G. Le mari est sur l'arbre de face.

Avant lettre indic. à la p. en H à 10 m/m du TC. — à G. Tom. 1er — au
M. no VIII — à D. p. ... sans sign. en bas.

> Etat sans indications en H et avant toutes lettres (tirage
moderne).

Eau-forte avant toutes lettres.

3. La Gageure des trois commères (*Le Fil*). — Dans une chambre

1795

avec fenêtre à D : le mari de face, une lampe à la main, regarde le fil qu'il
a noué au pied de sa femme; celle-ci est étendue sur le lit de G. à D.

Avant lettre — avant toutes lettres (tirage moderne).

    Etat sign. avec les noms à la p.

Eau-forte avant toutes lettres.

4 La Fiancée du roi de Garbe (*Le Chevalier*). — Dans une forêt un
chevalier de profil à G. est aux genoux d'Aliacel assise contre un arbre 3/4
à D. tête de face. Au fond à D. un cheval de profil à G.

Avant lettre — avant toutes lettres.

    Etat du tirage postérieur plus noir et plus lourd : il a cer-
tainement été retouché.

Eau-forte avant toutes lettres.

5. La Fiancée du roi de Garbe (*La Forêt*). — Dans une forêt Aliacel,
debout de face semble graver un nom sur l'écorce d'un arbre à G. : Elle a la
tête tournée vers un personnage, prosterné à ses genoux, de profil à G. et
auquel elle abandonne sa main.

Avant lettre sign. en B. au M. L. Petit aqua.

Eau-forte

    moins avancée et qui a dû être abandonnée : il y a des
différences notables dans les fonds, dans les coiffures, etc.

6. La Clochette. — Dans un bois, un jeune paysan rejoint et enlace
dans ses bras une bergère qui s'enfuit vers la D. : Au fond à G. on voit une
vache de 3/4 à G.

Avant lettre sign. à la p. à D. à 9 m/m du TC. Dambrun sculp.

    tirage moderne plus lourd.

Eau-forte avant toutes lettres.

7. Les deux amis. — Un personnage debout de face présente une jeune
fille de profil à D. à un second personnage assis à D. de 3/4 à G.

Avant lettre.

Eau-forte.

8. Le Juge de Mesle. — Plusieurs anges sur une chaire : l'un d'eux de
profil à D. prononce un discours; l'autre de face descend les marches de la
chaire et tient à la main une paille; un troisième de profil à D. montre une
autre paille aux assistants placés à D.

Avant lettre sign. à la p. à D. Dambrun.

    tirage moderne.

Eau-forte avant toutes lettres.

9. Aliz malade. — Du haut d'un perron de cinq marches, auprès de la
porte entr'ouverte d'un couvent, un moine de face montrant le ciel de la
main droite semble parler à un paysan placé au bas des marches de 3/4 à D.

Avant lettre en B à 34 m/m du TC. à la p. à G. Tom. 1er — au M. n° 25
— à D. pag. 245 — sans sign. en B.

Eau-forte avant toutes lettres.

10 **Sœur Jeanne.** — Dans une chambre six sœurs groupées, l'une assise auprès d'une table, se montrent de la main une sœur que l'on voit par une porte entr'ouverte agenouillée dans la chambre voisine.

Avant lettre.

Eau-forte avant toutes lettres.

PIÈCES SUPPLÉMENTAIRES

L'EAU-FORTE SEULEMENT.

1. Le Muletier. — Dans une écurie : chevaux à D. et à G. ; au premier plan un personnage de profil à D. se penche sur un muletier et lui coupe une mèche de cheveux. Celui-ci de profil à D. est étendu sur un lit placé contre deux colonnes.

Eau-forte sans sign.

2. Le petit chien qui secoue des pierreries.

3. Le Baiser prêté. — Noce de village : église au fond. Au premier plan un paysan de 3/4 à G. semble inviter son seigneur à embrasser sa femme : celui-ci embrasse la nouvelle mariée.

Eau-forte.

4. Imitation d'Anacréon (*Portrait d'Iris*). — Un jeune peintre de profil à G. est assis dans son atelier devant un tableau ébauché. La statue de Vénus dont il copie la figure est placée à G. de profil à D. Une femme debout, presque de face, se trouve derrière le peintre et lui montre la statue.

Eau-forte avant toutes lettres.

5. Autre imitation d'Anacréon (*l'Amour mouillé*).

6. L'Ermite. — Dans les ruines d'une église avec colonne au fond et abritée par un velum une femme assise de face : un moine de profil à G. debout près d'elle, lui enlève ses vêtements.

Eau-forte.

7. Féronde.

Contes et Nouvelles ‖ en vers ‖ par ‖ Jean de La Fontaine ‖ ornés d'estampes d'Honoré Fragonard ‖ Monnet, Touzé Milius. ‖ Gravées d'après les dessins originaux par Le Rat, Milius, ‖ Mongin et R. de Los Rios. ‖ Édition revue et Précédée d'une notice ‖ par ‖ Anatole Montaiglon ‖

1883

Tome premier (ou second) || Paris || P. Rouquette, Libraire-
Éditeur || 55, Passage Choiseul, 57 || M.DCCC.LXXX.III.

Cinq parties in-8 en 2 vol. : 1er vol. 2 T. LXII, 1 T. et 244 pp.
— 2e vol. 2 T. 330 pp. et 2 ff. n. pag.

Cette édition a été publiée soit en 5 volumes soit en 2 vol. Les couver-
tures portent écrit en 2 couleurs : Contes || Et || Nouvelles || en vers || par ||
Jean de La Fontaine || Tome ... || Paris || Rouquette, Libraire-Éditeur ||
55, Passage Choiseul, 57 || 1883. ||

Chaque partie a sa table et son titre compris dans la pag. du volume.
On a ajouté un titre général en caractères noirs en tête de chaque partie.
Les tirages de luxe numérotés et paraphés par l'éditeur ont été : 100 exempl.
sur Japon ; 50 sur Chine ; 50 sur Whatman ; 100 sur vergé français ; 100 sur
vélin à la cuve.

VIGNETTES — Un portrait de La Fontaine en tête du 1er vol. Un
portrait de Fragonard en tête du 2e vol. Deux fleurons de titre. 69 vignettes
hors texte dont 57 réductions des dessins de Fragonard publiés in-fol. par
le même éditeur en 1880, 5 pl. de Touzé et 2 de Monnet provenant de l'édition Didot 1795 et 5 planches nouvelles de Milius. Deux fleurons et un cul
de l. portrait de Boily hors texte. 61 culs de l. nouveau tirage des cuivres
gravés par Boily pour l'édition de 1764.

Les vignettes mesurent de 105 à 110 H sur 73 à 76 L. Elles portent
toutes les noms du dessinateur et du graveur. Les avec lettre ont le titre
du conte ; les avant lettre sont sans titre. Il n'a pas été annoncé de tirage
régulier d'eaux-fortes pures, mais il en a été tiré un nombre restreint
d'exemplaires et on trouve également des épreuves d'artistes.

Les fleurons et culs de l. ont également fait l'objet de tirages à part

Tome 1er. *Portrait* La Fontaine 3/4 à C. dans un médaillon ovale de 73 H sur
68 L. entouré d'un cadre uni orné en H d'un nœud de ruban et en B.
de deux branches de myrthe croisées ; le cadre ovale repose sur un
champ rectangulaire présentant quatre triangles courbes dont les
sommets sont les portions extérieures d'une bordure. A la partie inférieure se trouve une tablette unie sur laquelle est écrit : Jean de La
Fontaine. Dimension totale 110 H sur 78 L. — sign. à G. H Rigault pinx
— à D. Milius sc et plus bas Imp. Beillet Paris.

Fleuron de titre du 1er vol, à claire-voie sign. à G. Choffard del — à D.
R. de Los Ros sc — réduction du fleuron qui figure au 1er vol, de l'édition
in-f. 1795.

Page 5, **Fleuron de Choffard** par Boily, tirage à part.

Page 13, **Joconde** — sign à G. Fragonard del — à D. R. de los Rios sc

Page 63, **Richard Minutolo** — sign. a G. Fragonard del — à D. Milius sc

1888

Page 63, **Le Cocu battu et content** — sign. à G. Fragonard del — À D. R de Los Rios se.

Page 69, **Le Mari confesseur** — sign. à G. Fragonard del — à D. Mongin se.

Page 71, **Le Savetier** — sign. à D. Mongin.

Page 75, **Les Deux amis** — sign. à G. Touzé del — à D. Milius se.

Page 77, **Le Glouton** — sign. à D. R de Los Rios.

Page 79, **Sœur Jeanne** — sign. à G. Monnet — à D. R de Los Rios.

Page 81, **Le Juge de Mesle** — sign. à G. Touzé — à D. Milius se.

Page 83, **Le Paysan** — sign. à D. Mongin se.

Page 105, **Le Faiseur d'oreilles** — sign. à D. R de Los Rios.

Page 113, **Les Cordeliers de Catalogne** — sign. à D. Milius se.

Page 121, **Le Berceau** — sign. à D. Milius se.

Page 131, **Le Muletier** — sign. à D. Mongin se.

Page 137, **L'Oraison de Saint-Julien** — sign. à D. R de Los Rios se.

Page 151, **La Servante justifiée** — sign. à D. R de Los Rios se.

Page 157, **La Gageure des trois commères (La Servante)** — sign. à D. Le Rat se.

Page 171, **Le Calendrier des vieillards** — sign. à D. Mongin.

Page 181, **A Femme avare galant escroc** — sign. à D. R de Los Rios se.

Page 185, **On ne s'avise jamais de tout** — sign. à D. R de Los Rios se.

Page 187, **Le Villageois qui cherche son veau** — sign. à D. Milius se.

Page 189, **L'Anneau d'Hans Carvel** — sign. à D. Milius se.

Page 191, **Le Gascon puni** — sign. à D. Mongin se.

Page 197, **La Fiancée du roi de Garbe** — sign. à D. Mongin se.

Page 225, **L'Ermite** — sign. à D. Milius se.

Page 235, **Mazet de Lamporechio** — sign. à D. Milius se.

Tome 2me. *Portrait* de Fragonard.

Fleuron du titre du 2e vol. à claire voie sign. à G. Choffart del — à D. R de Los Rios se; réduction du fleuron qui devait figurer au 2e vol de l'édition Didot 1795.

Tirage à part, fleuron de Choffart gravé par Boily.

Page 3, **Les Oies de frère Philippe** — sign. à D. Milius.

Page 11, **La Mandragore** — sign. à D. Milius se.

Page 23, **Les Rémois** — sign. à D. Milius se.

Page 31, **La Coupe enchantée** — sign. à D. Mongin se.

Page 307, **Le Contrat** — sign. à D. Le Rat.   **1883**

Page 313, **La Couturière** — sign. à G. Millius del — à D. Millius.

Page 315, **Le Gascon**

Page 317, **La Cruche**

Page 319, **Promettre est un**

Page 321, **Le Rossignol** — sign. à D. Le Rat.

Page 331 n. pag., **Portrait de Boily** dans le cul de l. de Choffart.

Contes ‖ de ‖ La Fontaine ‖ avec ‖ Illustrations de Fragonard ‖   **1883**
Réimpression de l'Édition de Didot, 1795 ‖ Revue et aug-
mentée d'une Notice ‖ par ‖ M. Anatole Montaiglon ‖
Tome Premier (ou second) ‖ Paris ‖ Chez J. Lemonnyer
Libraire-Éditeur ‖ 53, quai des Grands-Augustins. ‖ 1883.

Deux vol. in-4. — 1er vol. Faux-titre. Portrait. Titre. Titre
de 1795. Les sources et les illustrations des contes p. 1 n. pag.
à XLIII. Table des contes p. XLV n. pag. à LI. Vie de La
Fontaine (sans titre) p. LIII n. pag. à LV. Avertissement de
l'Auteur pp. LVII n. pag. et LVIII. Préface p. LIX n. pag. à
LXIX. Faux-titre. Texte des contes p. 1 n. pag. à 255. Dissertation p. 259 à 281. Placement des estampes p. 283 n. pag. à
285. Table des contes pp. 287 n. pag. et 288. — 2e vol. Faux-
titre. Portrait de Fragonard. Titre. Titre de 1795. Texte des
contes p. 1 n. pag. à 412. Placement des estampes pp. 413 n.
pag. et 414. Table des contes p. 415 n. pag. à 418.

Ces deux volumes sont illustrés des *cent estampes* publiées
à part en 1882 et dont le détail se trouve dans les pièces et
suites détachées.

1795

Contes ‖ Et ‖ Nouvelles en vers, ‖ par ‖ Jean de La Fontaine, ‖ Tome premier (ou second) ‖ Première Partie (ou deuxième, troisième ou quatrième partie) ‖ A Paris, ‖ de l'Imprimerie de P. Didot l'Aîné. ‖ L'an IIIe de la République. ‖ 1795. ‖

Quatre parties reliées en 4 ou en 2 vol. in-12.

Il y a eu pour cette édition des exemplaires sur grand papier, en 2 vol. grand in-12.

Dans le tirage ordinaire, en dehors du titre commun aux quatre parties, la première et la troisième possèdent un titre spécial, semblable comme libellé au titre indiqué plus haut avec les différences suivantes : les mots *Première Partie* (2e, 3e ou 4e) sont supprimés ; au centre, l'écusson de l'imprimeur est remplacé par un portrait de Lafontaine de 3/4 à G. Médaillon ovale de 38 H sur 30 L, avec sign. gr. suivant l'ovale — à G. L. Rigault Pinx^t — à D. J. B. N. Dupréel sc^t.

On sera peut-être étonné que je parle de cette édition qui n'a pas été illustrée. Bien que le titre ne signale aucune vignette, cette édition, qui fait suite aux fables de La Fontaine de Simon et Coiny, a dû être illustrée par ces graveurs, et une suite a été commencée par eux dans ce but (voir Iconographie, même date). D'autre part on rencontre des exemplaires avec la suite de Nepveu 1813, dont on verra le détail plus loin (1813).

La bibliothèque de M. le docteur Després possède un de ces rares exemplaires dans une reliure en maroquin plein de l'époque exécutée par Lefebvre ; elle contient une suite de Nepveu. Ces quatre volumes portent tous au verso du faux-titre l'adresse de l'éditeur : – Se trouve à Paris, ‖ Chez Coiny, graveur, rue S.-Hyacinte ‖ n° 1.‖ (On voit que c'est l'adresse du dernier vol. de l'édition des Fables de La Fontaine gravées par Simon et Coiny.)

Dans le tirage en grand papier (Bibl. de M. le docteur Després), cet ouvrage se compose de deux volumes seulement avec faux-titre et titre, mais sans le titre spécial des 1er et 3e volumes de l'édition in-12. Le portrait qui figure au centre de ces titres spéciaux est alors placé en tête de la Vie de La Fontaine p. V n. pag.

Enfin on rencontre également encore cette édition en deux vol. in-12, portant à la neuvième ligne : *an Troisième de la République* et, sur le verso du faux-titre, *Paris chez Bozerian, quai des Grands-Augustins, 33.* Elle contient alors la suite de Simon et Coiny, complétée par celle de Nepveu.

Les vignettes sont placées en face des contes. On verra plus loin la description des deux séries qui peuvent orner cette édition.

MOREAU LE JEUNE

1814

Première suite de Moreau, 9 vignettes in-8 tirées du 3ᵉ vol. de :

Œuvres ‖ complètes ‖ de J. de La Fontaine ‖ Précédées d'une Note sur sa vie. ‖ A Paris ‖ Chez Lefevre Libraire, rue de l'Eperon. ‖ M DCCC XIV. ‖

Six vol. Voir in-8. Armand Després, p. 161.

Pour cette édition, ainsi que pour toutes les éditions comprenant les *Œuvres complètes de La Fontaine*, le lecteur trouvera le détail des suites dans l'ouvrage publié par M. le docteur Armand Després, *les Éditions illustrées des Fables de La Fontaine*, Rouquette, 1892, 1 vol. in-8.

Les vignettes, gravées d'après Moreau, par Pigeot, Simonet, Delignon, Devillers, Delvaux, Mariage, ont été tirées en avec lettre, avant lettre et eaux-fortes, sur papier blanc, papier jonquille et papier rose.

Elles mesurent 133 m/m H sur 83 L. — elles sont généralement bordées d'un TC. doublé d'un filet qui forme, dans la partie inférieure de la planche, une tablette blanche de 20 m/m environ de H sur laquelle se trouvent le texte, le numéro du conte et du livre. Ces vignettes sont toutes signées.

DÉTAIL DES VIGNETTES

Page 21, **Jocondo** — 131 H sur 82 L — sign. à 3 m/m du filet — à G. J M Moreau le J del. au pointillé — au M. 1811 — à D. à la p. Pigeot sculp

Etats : *Avec lettre* celui décrit.

    Avant lettre   •   tablette blanche.

    Eau-forte avant toutes lettres.

Page 80, **Le Gascon puni** — 133 H sur 85 L — sign. à la pointe à 1 m/m du cadre — à G. J M Moreau le Jeune Del — à D. J B. Simonet Sculp. 1812.

Etats : *Avec lettre* celui décrit.

    Avant lettre   •   tablette blanche.

    Eau-forte le filet mal fait sign. au M. à 15 m/m du F. à la pointe J M Moreau del L Pauquet Sculᵗ.

    •   avant toutes lettres.

1814

Page 150, **Le Faucon** — 133 H sur 84 L. — sign. à la pointe à 2 m/m du F. — à G. J. M. Moreau inve Deli — à D. j. L. De lignon. Sculp.

Etats : *Avec lettre* celui décrit.

    Avant lettre   ·   tablette blanche.

    Eau-forte un simple TC, comme cadre — sign. très fin à 4 m/m à G. J M Moreau L J — au M. Pourvoyeur aqua forti.

Page 212, **La Clochette** — 132 H sur 82 L. — sign. à la pointe à 1 m/m du cadre à G. Moreau Jeune inv. — au M. Devilliers fratres aqua forti — — à D. Devilliers fratres sculpserunt.

Etats : *Avec lettre* celui décrit.

    Avant lettre   ·   tablette blanche.

    Eau-forte   ·   ·   moins la sign. de droite.

Page 234, **Les Oies de frère Philippe** — 133 H sur 85 L — sign. à la pointe à 1 m/m du F. à G. Moreau inv¹ — à D. D'Elvaux Sculp¹.

Etats : *Avec lettre* celui décrit.

    Avant lettre   ·   tablette blanche.

    Eau-forte avant toutes lettres.

Page 292, **Mazet de Lamporecchio** — 133 H sur 85 L. — sign. à la p. avec lettres au pointillé, à G. Moreau inv¹ 1812 — à D. R. D'Elvaux Sculp¹.

Etats : *Avec lettre* celui décrit.

    Avant lettre   ·   tablette blanche.

    ·   ·   ·   sans date et sans sign. à D.

    Eau-forte avant toutes lettres.

Page 358, **Le Cas de conscience** — 132 H sur 83 L. — sign. à la pointe à 2 m/m du cadre à G. Moreau Le J inv. — au M. De Villiers fratres aqua forti — à D. De Villiers fratres sculpserunt.

Etats : *Avec lettre* celui décrit.

    Avant lettre   ·   tablette blanche.

    Eau-forte   ·   ·   moins la sign. à D.

Page 419, **Les Lunettes** — 135 H sur 86 L — sign. à 1 m/m du cadre à la pointe à G. J. M. Moreau le Jeune Del : — à D. J. B. Simonet Selpu. 1813 || r p D — (ces trois dernières lettres au pointillé).

Etats : *Avec lettre* celui décrit.

    Avant lettre   ·   tablette blanche.

    ·   avant toutes lettres.

    Eau-forte   ·

Page 482, **Le Quiproquo** — 131 H sur 84 L. — sign. à la pointe à 1 m/m du F. à G. J. M. Moreau le Je — à D. Mariage sculp.

Etats : *Avec lettre* celui décrit.

    Avant lettre   ·   tablette blanche.

    ·   avant toutes lettres.

    Eau-forte   ·   avec un simple filet.

Deuxième suite de Moreau, 9 vignettes in-8 tirées du 3ᵉ vol.   1822
des :

Œuvres ‖ de ‖ La Fontaine ‖ Nouvelle Édition, ‖ Revue &... ‖
A Paris ‖ chez Lefevre Libraire ‖ Rue de l'Eperon, nᵒ 6 ‖
M DCCC XXII. ‖

Six vol. in-8. Voir Armand Dupuis, p. 162.

Ce sont les compositions dessinées par Moreau pour l'édition de 1814
(v. p. 87) et gravées de nouveau par Pigeot, Dupréel, Schrœder, Mottet,
Heinn, Villerey.

On rencontre des avec lettre, des avant lettre et des eaux-fortes d'un
aspect général assez semblable aux vignettes de 1814. On relève cependant
les différences suivantes : elles sont d'un format plus petit : dans les avec
lettre, le titre est écrit en lettres grises : les signatures sont différentes
et placées tantôt en H de la tablette contre le TC., tantôt en dessous de la
tablette. En ce qui concerne les avant lettre et les eaux-fortes, nous avons les
mêmes différences de signatures, et ces signatures sont parfois accompa-
gnées d'une date. De plus, certaines planches sont sans tablette et souvent
même bordées d'un simple TC. sans filet.

LISTE DES VIGNETTES

Page 10, **Jocondo** — 120 H sur 80 L — sign. à la p. en dessous de la
tablette — à G. Moreau I del — à D. Pigeot sculp.

Etats : *Avec lettre* celui décrit.
Avant lettre même sign. et au M. 1821.
Eau-forte avant toutes lettres.

Page 108, **Le Gascon puni** — 132 H sur 81 L — sign. à la p. au-dessous
et à 8 m/m de la tablette — au M. Dupréel.

Etats : *Avec lettre* celui décrit.
Avant lettre même sign.
Eau-forte sign. à la p. au M. J M Moreau del — P Pauquet scul.

Page 214, **Mazet de Lamporecchio** — 130 H sur 80 L — sign. à la p.
en H de la tablette — à D. Schrœder sc 1821.

Etats : *Avec lettre* celui décrit.
Avant lettre même sign.
» » sans filet ni tablette.
Eau-forte avant toutes lettres sans filet ni tablette.

1822   Page 227, **Les Oies de frère Philippe** — 131 H sur 83 L — sign.
grav. à 2 m/m du filet à G. Moreau inv — à D. Mottet sculp.
>Etats : *Avec lettre* celui décrit.
>*Avant lettre* même sign.
>*Eau-forte* avant toutes lettres.

Page 283, **Le Faucon** — 131 H sur 82 L — sign. à la p. en H de la ta
blette à G. Moreau del — à D. heina sc.
>Etats : *Avec lettre* celui décrit.
>*Avant lettre* même sign.
>*Eau-forte* sans filet, sign. à D. heina sc.

Page 375, **Le Cas de conscience** — 131 H sur 81 L — sans sign. pour
les trois états.

Page 476, **Les Lunettes** — 131 H sur 81 L — sign. au pointillé à G.
J M Moreau le Je de — à D. Villerey sc.
>Etats : *Avec la lettre* celui décrit.
>*Avant la lettre* même sign.
>*Eau-forte* sign. au M. Villerey.

Page 487, **La Clochette** — 130 H sur 81 L — s. sign. pour les trois
états.

Page 539, **Les Quiproquos** — 131 H sur 82 L — sign. à la p. en H de
la tablette à G. Moreau del — à D. heina sc.
>Etats : *Avec lettre* celui décrit.
>*Avant lettre* même sign.
>*Eau-forte* avant toutes lettres

MONNET

1817   Contes ‖ de ‖ La Fontaine. ‖ — ‖ Stéréotype d'Herhan. ‖ Paris. ‖
de l'Imprimerie d'A. Egron. ‖ 1817. ‖

Un vol. in-12 de IX et 404 pp. y compris la table. — 10 vignettes in-12 sans sign. dessinées par Monnet. (?)

Ces vignettes qui font partie d'une suite qui n'a pas été terminée
n'étaient peut-être pas destinées à ce volume.
De 91 H sur 51 L elles sont bordées d'un TC. doublé d'un filet. Elles
portent un titre et n'ont aucune signature.
Un dessin à la sépia (*Le Muletier*) est signé C Monnet inv del.

On rencontre des avec lettre et des avant lettre. On trouve aussi ces vignettes entourées d'un encadrement dentelle de 5 m/m de largeur, placé assez loin de la planche. Dans ce cas le titre en bas est écrit entre le filet et l'encadrement et on lit en H au dessus du filet, à G. Tom. 1er — à D. Pl. 1 (de 1 à 10).

Les contes illustrés sont :

Joconde (*Scène du valet*) — en tête du vol.

Page 18, **Le Cocu battu et content.**

Page 23, **Le Mari confesseur.**

Page 25, **Le Savetier.**

Page 26, **Le Paysan qui avait offensé son Seigneur.**

Page 30, **Le Muletier.**

Page 37, **La Servante justifiée.**

Page 39, **La Gageure des trois commères** (1er sujet) (*La servante*).

Page 40,   (2e sujet) (*Le poirier*).

Page 46,   (3e sujet) (*Le fils*).

Page 54, **A Femme avare galant escroc**

DESENNE

Contes || Et || Nouvelles en vers, || par || Jean de La Fontaine. || Tome premier (ou second) || Paris. || Ménard et Desenne, fils. || — || 1820. ||

Deux vol. in-12. — 1er vol. Faux-titre. Portrait. Titre. Prospectus. Vie de La Fontaine p. 1 n. pag. à 4. Préface p. 1 n. pag. à VI. Texte des contes p. 1 n. pag. à 202. Dissertation p. 203 n. pag. à 233. Table pp. 234 n. pag. et 235. — 2e vol. Faux-titre. Titre. Préface p. 1 n. pag. à VIII. Texte des contes p. 1 n. pag. à 268. Table p. 269 n. pag. à 271.

Ces deux volumes se trouvent séparément, mais font partie d'une collection dite « Bibliothèque Française » dans laquelle les œuvres de La Fontaine comprenaient huit volumes in-18 ornés de vingt pièces et un portrait.

Les deux volumes des contes ne contiennent qu'un portrait et huit vignettes.

1820

Ces vignettes dessinées par Desenne mesurent 78 à 80 H sur 51 à 56 L, elles sont bordées d'un TC. On a tiré des avec lettre, des avant lettre et des eaux-fortes.

Les avec lettre portent en H contre le TC. à G. Lafontaine — à D. Contes : en B. nous avons la signature du dessinateur, la signature du graveur et le titre placé au M.

Les avant lettre sont de deux espèces, toutes deux sans indication en H sans titre en B ; elles diffèrent par les signatures : dans la 1re série les signatures sont semblables à celles des avec lettre ; dans la 2e on ne trouve que le nom Bovenit gravé à la p. au M.

Les eaux-fortes sont, ou sign. à la p. ou avant toutes lettres.

Tome 1er. — **Portrait.** La Fontaine 3/4 à ½, ovale de 51 H sur 40 L, entouré d'un cadre uni plat de 4 m/m épaisseur ; il s'enlève en relief sur un fond rectangulaire présentant à sa partie inférieure une tablette également en relief, arrondie à ses extrémités et sur laquelle se trouve écrit : La Fontaine. Dimension totale 78 H sur 53 L.

États : *Avec lettre* sign. en bas à G. Rigaut del — à D. Bertonnier sc.
Avant lettre sans titre sur la tablette, sign. à la p.
Eau-forte sign. à la p. au M. à 5 m/m du TC. Simonet jeune 1820.

Page 1, — **Joconde** — sign. à G. Desenne del — à D. Bovinet sc.
États : *Avant lettre* sans indic. en H sans titre même sign.
    •   sign. à la p. au M. Bovinet.
Eau-forte avant toutes lettres : une tablette indiquée.

Page 41, **La Servante justifiée** — sign. à G. Desenne del — à D. Bovinet sc.
États : *Avant lettre* sans indic. en H sans titre même sign.
    •   sign. à la p. au M. Bovinet.
Eau-forte sans sign. une tablette indiquée.

Page 127, **Le Faucon** — sign. comme ci-dessus.
États : *Avant lettre* sans indic. en H sans titre même sign.
    •   sign. à la p. au M. Bovinet.
Eau-forte sans sign.

Page 191, **La Clochette** — sign. comme ci-dessus.
États : *Avant lettre* sans indic. en H sans titre même sign.
    •   sign. à la p. au M. Bovinet.
Eau-forte sign. à la p. au M. Bovinet.

Tome II. — En face le titre. — **L'Oraison de Saint Julien** — sign. à G. Desenne del — à D. Bovinet sc.
États : *Avant lettre* sans indic. en H sans titre même sign.
    •   sign. à la p. au M. Bovinet.
Eau-forte sans sign.

Page 110, **Comment l'Esprit vient aux Filles** — sign. comme ci-dessus.
États : *Avant lettre* sans indic. en H sans titre même sign.
      »   sign. à la p. au M. Bovinet.
Eau-forte sans sign.

Page 174, **La Jument du compère Pierre** — sign. comme ci-dessus.
États : *Avant lettre* sans indic. en H sans titre même sign.
      »   sign. à la p. au M. Bovinet.
Eau-forte sign. à la p. au M. retourné Paradis (?) 1820.

Page 214, **Le Fleuve Scamandre** — sign. comme ci-dessus.
États : *Avant lettre* sans indic. en H sans titre même sign.
      »   sign. à la p. au M. Bovinet.
Eau-forte sign. à la p. au M. retourné Paradis (?) 1820.

Deuxième suite de Nepveu, 75 vignettes in-12 d'après Desenne. Suite tirée d'une série de 120 gravures destinées à illustrer les :

Œuvres complètes ‖ de ‖ La Fontaine, ‖ ornées de cent vingt gravures, ‖ d'après les dessins de Desenne, Chaudet, Huet, &. ‖ et d'un portrait inédit d'après Lebrun. ‖ A Paris, ‖ chez A. Nepveu Libraire, Passage des Panoramas, n° 26 ‖ M D CCC XX. ‖ Voir Armand Després p. 162.

Ces 75 gravures sont un nouveau tirage de la suite décrite dans l'Iconographie en 1813. On a cependant modifié les sujets de six contes sans toutefois en avoir changé le texte : cinq dessins sont de Dugoure et un de Desenne.

Voir Iconographie 1813 le détail des vignettes ; les planches modifiées sont les suivantes :

Richard Minutolo — même titre — sign. à G. Dugoure del — à D. H Pauquet sc.

La chambre est sans lit, très obscure : la femme qui ouvre la fenêtre est de face, assez peu vêtue : elle regarde, sans colère, le galant qui est auprès d'elle à moitié assis sur un canapé.

États : *Avant lettre* sign. à la ' au M. H Pauquet.
Eau-forte avant toutes lettres.

L'Ermite — 80 H sur 49 L — même texte. — La scène se passe en dehors et à la porte de la cellule : le moine, placé entre les deux femmes,

1820   semble congédier la mère, qui entraîne sa fille. — Sign. à G. Dugoure del
à D. Simonet sc.

     Etats : *Avant lettre* sign. au M. au point. Simonet jeune 1819.
       Eau-forte.

     La Mandragore — 79 H sur 49 L — même texte. — A G. un person-
nage de face tient une porte ouverte et projette le rayon d'une lanterne
sourde sur la scène qui se passe dans la chambre à côté. — Sign. à G. Dugoure — à D. Jamont sc.

     Etats : *Avant lettre* sans sign.
       Eau-forte sans sign.

     Le Diable de Papefiguière — 79 H sur 50 L — même texte. — La
femme de profil à G. ouvre une porte et se montre au diable qui est placé
dehors de 3/4 à D. — Sign. à G. Desenne del — à D. Dulompré sc.

     Etats : *Avant lettre* sans sign.
       Eau-forte sans sign.

     Féronde — 79 H sur 49 L — même texte. — Féronde de face, devant
sa bière, est entouré de personnages ailés armés de disciplines. — Sign. à
G. Dugoure del — à D. H Pauquet sc.

     Etats : *Avant lettre* sign. à la p. à G. H Pauquet sc.
       Eau-forte.

     Le Remède — 79 H sur 49 L — même texte. — Les deux amants
couchés de D. à G. : la femme au premier plan sortant à moitié du lit;
l'opération effectuée par la servante se passe de l'autre côté du lit. — Sign.
à G. Dugoure d — à D. Pourvoyeur s.

     Etats : *Avant lettre* sign. à la p. au M. Pourvoyeur sculpsit.
       Eau-forte.

1824   Troisième suite de Nepveu. 75 gravures d'après les dessins
de Desenne, &., tirées de 147 planches destinées à illustrer les :

Œuvres complètes ‖ de ‖ La Fontaine ‖ Nouvelle Edition ‖
collationnée avec soin sur les meilleurs textes ‖ A Paris
chez E. A. Lequien Libraire ‖ Rue des Noyers, Nº 45 ‖
M DCCCXXIV. ‖ Voir Armand Després p. 163.

     Le volume des contes se vend séparément; on y a ajouté un portrait
de La Fontaine de 3/4 à D. Ce portrait carré de 88 H sur 20 L est signé à

G. Peint par Rigault — à D. Gravé par Berlonnier. — Il porte comme
titre : Jean de La Fontaine, Né en 1621 — Mort en 1695.

Les vignettes sont entourées d'une espèce de bordure à claire-voie for-
mée de nuages d'où sortent de nombreux groupes divers rappelant les
scènes des contes. C'est un nouveau tirage des planches de 1813, qui ont
déjà servi en 1820 (voir p. 93), la gravure est plus lourde, plus empâtée.

De même qu'en 1820, on a abandonné un certain nombre des planches
de 1813; en plus des six sujets nouveaux créés pour l'édition précédente,
nous avons encore trois contes dont la composition a été totalement changée.
Les dessins sont de Aubry et de Mme Colin, ce sont :

Le Juge de Mesle — 81 H sur 51 L — même texte. — Au palais de
justice : au fond un juge de profil à D. devant un avocat de profil à G. qui
tient une paille à la main Au premier plan à G. un homme et une femme
de dos appuyés sur la balustrade; à D. une femme de profil à D. sort de la
salle. — Sign. à G. Aubry d — à D. Pourvoyeur sc.

Etats : *Avant lettre* sign. à la p. Pourvoyeur aqua forti.

Eau-forte   »   »   »

Nicaise — 81 H sur 50 L — même texte. — Le galant de profil à G.; la
jeune fille s'éloigne vers la D., le vase de fleurs sur piédestal est à D. —
Sign: à G. Colin d — à D. Lemaitre sc.

Etats : *Avant lettre* sans sign.

Eau-forte sans sign.

Le Pâté d'anguille — 81 H sur 50 L. — Texte différent.

Vous avez bien changé de goût
Qu'ai-je fait qui fut plus étrange?

Au 1er plan à G. un homme assis à une table repousse un pâté que vient
de placer un page; de l'autre côté de la table un seigneur, enveloppé d'un
manteau, caresse de la main le menton d'une soubrette en parlant au personnage assis. — Sign à G. Dugoure d — à D. Pourvoyeur s.

Etats : *Avant lettre* sign. à la p. à D. Mme Colin inv. au M. 1823 — À G.
Pourvoyeur sculp.

Eau-forte : signé comme ci-dessus.

Œuvres ‖ de J. La Fontaine ‖ Contes Tome I (ou II) ‖ A Paris ‖
chez J. L. J. Brière Libraire ‖ Rue Saint-André des Arcs,
Nº 68 ‖ 1824. ‖

Deux vol. in-16. — 1er vol. XXIX et 234 pp. — 2e vol. 341 pp.
Ces deux volumes font partie de la « Collection des classiques français ».
Ils ne comprennent que 69 vignettes, reproduction de l'Edition Lequien
(v. p. 94); l'éditeur a supprimé les six derniers contes que l'on ajoute
généralement à la fin des contes de La Fontaine.

1825 Soixante-douze vignettes de Desenne, etc. nouveau tirage encadré des planches qui figurent dans l'Edition Lequien 1824. (V. p. 94). Elles servent à illustrer les 2° et 3° volumes de :

Œuvres ‖ de ‖ La Fontaine, ‖ précédées d'une notice par M. Walckenaer ‖ et de l'Eloge de La Fontaine par Champfort ‖ Nouvelle édition ‖ collationnée avec soin sur les meilleurs textes ‖ et ornée de 147 gravures encadrées ‖ exécutées par Forsell, Leroux, Pauquet, Pourvoyeur ‖ sur les dessins de ‖ Desenne, Devéria, Susemilh, etc. ‖ Paris ‖ Peytieux, Libraire Editeur, ‖ Galerie Delorme ‖ M DCC XXV ‖ Cinq vol. in-8.

DEVÉRIA

1826 Trois vignettes in-8 gravées par Pourvoyeur, Godefroy et Delaistre d'après Devéria et tirées d'une suite de douze pièces destinées à illustrer les :

Œuvres complètes ‖ de ‖ La Fontaine ‖ Précédées ‖ de l'éloge de l'auteur ‖ par Champfort. ‖ Nouvelle Edition, ‖ ornée d'un portrait et de douze gravures. ‖ Paris, ‖ Igonette, Libraire. ‖ Rue de Savoie, N° 3 ‖ 1826. ‖ Voir Armand Després, p. 163, n° X.

Il y a eu des tirages sur blanc, sur chine et sur papier rose pour les avec lettre, les avant lettre et les eaux-fortes.

Les vignettes sont sans TC. entourées d'un cadre formé d'un filet intérieur placé à 1 m/m de la gravure et d'un double filet qui se trouve à 2 m/m du premier. Elles mesurent environ 90 m/m H sur 72 L. au premier filet. Toutes les planches sont signées en anglaises gravées. Le titre figure au M. en lettres carrées.
 Ces vignettes sont

Page 119, **Joconde** — sign. à G. Deveria del — à D. Pourvoyeur sculp. 1825
    Etats: *Avant lettre* sign. à la p. à 7 m/m du cadre à G. Deveria inv —
        au M. 1825 — à D. Pourvoyeur sculp.
        Eau-forte sign. comme ci-dessus sans cadre.

Page 137, **La Fiancée du roi de Garbe** — sign. à G. Deveria del — à
D. Godefroy sculp.
    Etats: *Avant lettre* sign à la p. à 7 m/m du cadre à G. Deveria Del —
        vers le M. Godefroy sculp.
        Eau-forte sans le cadre sign. seulement vers le M. comme ci-
        dessus.

Page 164, **La Clochette** — sign. à G. Deveria del — à D. Delaistre
sculp.
    Etats: *Avant lettre* sign. au point. à 9 m/m du cadre à G. Deveria
        Del — au M 1825 — à D. Delaistre Sculp.
        Eau-forte sans cadre sign. comme ci-dessus.

Cinq vignettes in-12 en tête de pages tirées de 30 vignettes **1826**
gravées par Thompson d'après Devéria pour illustrer les :

Œuvres complètes ‖ de ‖ La Fontaine ‖ ornées de 30 vignettes ‖
dessinées par Devéria, gravées par Thompson. ‖ Paris
Baudouin frères, rue de Vaugirard ‖ Imprimerie de Ri-
gnoux rue des Francs-Bourgeois St-Michel ‖ M DCCCXXVI. ‖

Un vol-in-8 à 2 col. — Voir Armand Després, p. 164,
Nº XIII.

    Ces vignettes de environ 41 H sur 68 L sont bordées d'un TC. et placées
dans un cadre très lourd imitant le bois sculpté de 17 m/m d'épaisseur sur
les côtés et 8 m,'m en H et en B.
    Les cinq pl. sont : p. 103, *Joconde* — p. 121, *La Servante justifiée* —
p. 148, *La Courtisane amoureuse* — p. 170, *Comment l'esprit vient aux
filles* — p. 183, *La Matrone d'Éphèse.*
    On rencontre des tirages à part sur chine sans cadre.

Cinq vignettes en tête de pages sans sign. tirées d'une suite de **1826**
23 vignettes destinées à illustrer les :

Œuvres ‖ complètes ‖ de La Fontaine ‖ Précédées d'une Notice

1826

par Mᵣ Auger ‖ de l'Académie Française ‖ Paris ‖ Delong-
champs libraire-éditeur ‖ Boulevard Bonne-Nouvelle nᵒ 3. ‖
1826. ‖

Un vol. in-8. — Voir Armand Després, p. 163, Nᵒ XI.

Ces vignettes mesurent 40 H sur 66 L et semblent dessinées par
les mêmes auteurs que celles de l'édition Baudouin 1826. Elles ont un cadre
du même genre. Elles portent en dehors du cadre à D. l'indication du classement.

Ces vignettes sont : p. 119, *Joconde* — p. 131, *L'Ermite* — p. 159, *La
Fiancée du roi de Garbe* — p. 181, *Le Roi Candaule* — p. 205, *Le Fleuve
Scamandre.*

On rencontre des tirages à part sur chine sans cadre.

DUCORNET

1835

Contes ‖ Et ‖ Nouvelles ‖ par J. de La Fontaine. ‖ Nouvelle
édition ornée de vignettes. ‖ Paris. ‖ A. Braulart Imprimeur en taille-douce ‖ Rue Vivienne Nᵒ 9. ‖ 1835. ‖

Deux vol. gr. in-8 reliés en 1 vol. — 1ᵉʳ vol. 311 pp. — 2ᵒ
vol. 194 pp. — Les contes sont divisés en 5 livres et classés
suivant la date originale de la publication de chacun d'eux :
chaque livre contient un faux-titre et une préface s'il y a lieu
compris dans la pagination.

VIGNETTES. — Un fleuron sur le titre gravé par Tronchon d'après
Champion. Un portrait gravé par Tronchon. Trente vignettes hors texte
gravées par Delvaux, Derly, Berlié, Lejeune aîné, Millin, Audebran,
Schrœder, d'après Ducornet, André, Champion, Alfred Albert.

Ces vignettes sont à claire-voie, elles sont presque toutes signées ; elles
portent un titre écrit en lettres carrées doubles ou un texte accompagné du
titre. On lit au bas de la planche : « Publié par Braulart à Paris ».

On rencontre des avec lettres et des avant lettres sur blanc et sur
chine.

Titre : Celui indiqué plus haut ; écrit en caractères divers entourés
d'onroulements à la plume. Au centre se trouve un fleuron à claire-

vole, représentant un seigneur debout de profil à G. faisant la lecture
à une dame, de face, assise dans un fauteuil. Au fond à G. un seigneur, de
dos descend un escalier. Le fleuron est signé au pointillé à G. Champion d.
— à D. Tronchon s. Il est suivi d'un texte de deux vers tirés de : Les Oies
Livre III.

Portrait ovale de 3/4 à D. bordé d'un cadre uni qui s'enlève sur un fond
rectangulaire de 64 H sur 52 L. Ce fond rectangulaire se trouve entouré
d'un cadre très large surchargé d'ornements : treillage avec fleurs courantes, rinceaux, coquilles dans les coins, médaillon ovale en haut représentant un renard, enfin cartouche en bas sur lequel on lit : La Fontaine.
La planche générale signée au pointillé à D. Tronchon se mesure au max.
121 H sur 95 L.

Joconde (*L'Aveu*) — sign. à G. Ducornet del — à D. A. Delvaux, sc.

Joconde (*La Bague*) — sign. à G. Eug. andre del — à D. Derly Sp —
texte de 2 vers — Joconde Livre 1.

Page 21, **Richard Minutolo** — s. sign. — Texte de 3 vers et titre à D.

Page 31, **Le Cocu battu et content** — sign. à G. Ducornet del — à D.
A Delvaux sc.

Page 37, **Le Mari confesseur** — sign. à G. Ducornet del|| (né sans
bras) — à D. Berllé sc.

Page 39, **Le Savetier** — sign. à G. Du Cornet del (né sans bras) — à
D. Lejeune aîné sc.

Page 62, **Le Faiseur d'oreilles** et **Le Raccommodeur de moules** —
sign. à D. comme p. 37 — à G. V Tronchou s c p.

Nota. La même planche existe avec une différence dans la composition.
    A la tête du lit placé à D. à la place de la femme debout regardant le
couple adossé au lit, on voit un fauteuil contre lequel une épée a été dé-
posée ; dans ce cas le texte, au bas de la planche, se compose de trois vers
suivis à D du titre : Le Faiseur d'oreilles, Livre II.

Page 69, **Les Cordeliers de Catalogne** — sign. au pointillé à G. Champion del — au M. Tronchon dir — à D. Milot scp. — Texte de 3 vers et le
titre à D.

Page 87, **Le Muletier** — sign. à G. Ducornet del — à D. A Delvaux sc.

Page 87, **Le Muletier** — sign. à G. E. Andre del — à D. V Tronchon
s c p et dir. Texte de 2 vers et titre à D.

Page 93, **L'Oraison de Saint Julien** — sign. à G. Ducornet del (né
sans bras) — à D. V. Tronchon s c p.

1835

Page 107, **La Servante justifiée** — s. sign. — Texte de 2 vers et titre à D

Page 113, **La Gageure des trois commères** (*Le Fil*) — sign. à G. Ducornet del — à D. A. Delvaux sc.

Page 127, **Le Calendrier des vieillards** — sign. à G. A. Champion del — à D. V Tronchon scup. — Texte de 3 vers et titre à D.

Page 153, **La Fiancée du roi de Garbe** — s. sign. — Texte de 3 vers et titre à D.

Page 191, **Mazet de Lemporecchio** — sign. au pointillé à G. Champion del — à D. V Tronchon cup. — Texte de 2 vers et titre à D.

Page 201, **Les Oies de frère Philippe** — sign. à G. Ducornet (né sans bras) — à D. ?

Page 279, **Le Bât** — sign. à G. au pointillé Millin sculp. — Texte de 2 vers et titre à D.

Page 1, **Comment l'esprit vient aux filles** — s. sign.

Page 25, **Le Diable de Papefiguière** — s. sign. — Texte de 2 vers et titre à D.

Page 17, **Le Roi Candaule** — sign. à G. Champion del — à D. Audebran s. — Texte de 2 vers et titre à D.

Page 63, **La Jument du Compère Pierre** — sign. à G. Champion. Texte de 1 vers et titre à D.

Page 83, **Les Lunettes** — sign. à G. Andre del — au M. Tronchon direxit — à D. A Milin sc p. — Texte de 3 vers et titre à D.

Page 91, **Le Cuvier** — sign. à G. Champion del. — à D. Lejeune ainé sc — Texte de 3 vers et titre à D.

Page 117, **La Clochette** — sign. à G. Alfred Albert del — à D. J. Schrœder sc.

Page 121, **Le Fleuve Scamandre** — sign. au pointillé à G. Champion del — à D. V Tronchon scu — Texte de 2 vers et titre.

Page 155, **Le Remède** — sign. comme p. 121. — Texte de 2 vers et titre.

Page 147, **La Matrone d'Ephèse** — s. sign. — Texte de 3 vers et titre.

Page 177, **Le Gascon** — sign. à D. Audebran. — Texte de 4 vers et titre.

Page 182, **Promettre est un...** — sign. à G. Alfred Albert del — à D. J. Schrœder sc. — Texte de 2 vers et titre.
Cette suite se rencontre également en couleur.

TONY JOHANNOT

Contes et Nouvelles ‖ de ‖ La Fontaine. ‖ Edition illustrée ‖ **1889**
par ‖ MM. Tony Johannot, Cam. Roqueplan, Devéria,
C. Boulanger, ‖ Fragonard père, Janet-Lange, Français,
Laville, Ed. Vattier et Adrien Feart. ‖ Paris. ‖ Ernest Bour-
din & C⁰ Editeurs. ‖ Rue de Seine-Saint Germain, 16. ‖
Sans date.

Un vol. in-8 de 534 pp. dont les huit premières marquées en
chiffres romains.

Cet ouvrage a été publié en 83 livraisons à 30 cent. : la première livraison a paru le 27 octobre 1838.

Les contes sont classés par ordre de dates et divisés en cinq parties.

LES VIGNETTES, gravures sur bois comprennent : un frontispice,
un fleuron sur le titre, dessinés par Wattier et gravés par Piaud.

Trente planches hors texte grav. par divers ; soixante-cinq vignettes
en tête de pages, plusieurs ornements typographiques ; nombreux culs de
l. dont 3 ont rapport aux contes ; cinq titres ornés hors texte (1 pour
chaque partie).

Toutes les planches hors texte sont à claire-voie, signées et portent un
titre écrit en caractères gothiques.

Les en tête de pages sont formés d'un encadrement très ornementé
qui se reproduit souvent (6 types seuls servent de cadre aux 65 vignettes).
Au centre se trouve une petite vignette à claire-voie de formes différentes
et mesurant de 20 à 30 m/m ll sur 20 à 30 l.

On trouve les fumés sans encadrement de toutes ces vignettes.

Frontispice à claire-voie sign. à G. Ed Wattier — à D. Piaud sc :
En haut d'un soubassement à plusieurs marches La Fontaine assis de
jace, lit ses contes : au-dessus de lui des amours tiennent les enroulements
d'un ruban sur lequel est écrit « Diversité ». — A ses côtés on voit des
femmes et des personnages tirés des contes. Plus bas un amour est assis et
semble écouter la lecture des contes. A D. et à G. de l'amour ainsi que dans
la partie inférieure de la planche se trouvent des personnages isolés et des
groupes reproduisant des sujets des contes. — Dimension 135 ll sur 91 l.

1889   *Fleuron du titre.* — Vignette sur bois à claire-voie sign. à G. Ed Wattier et représentant La Fontaine debout de face lisant ses contes au milieu de personnages groupés autour de lui.

Page 1, **Joconde** (*La Récompense*) — s. sign.

Page 13, **Joconde** (*Scène du valet*) — sign.....

Page 38, **Le Cocu battu et content** — sign. à G. E Laville.

Page 45, **Le Mari confesseur** — sign. à G. Janet Lange — à D. Sears sc — un cul de l. à la fin ayant rapport au conte.

Page 48, **Le Savetier** — sign. à D. Janet Lange d — Piaud sc — aux pp. 51 et 56 un cul de l. ayant rapport aux contes.

Page 57, **Le Paysan qui avait offensé son seigneur** — sign. à G. Janet Lange del — à D. Sears del.

Page 71, **Le Faiseur d'oreilles** — sign. à G. Sears.

Page 78. **Les Cordeliers de Catalogne** — sign. à G. Janet Lange del Lacoste et fils sc.

Page 88, **Le Berceau** — sign. à D. Brevière.

Page 102, **L'Oraison de Saint Julien** — sign. à G. J. Lange.

Page 117, **La Servante justifiée** — sign. sur la pl. à G. Janet Lange — à D. rambert.

Page 123, **La Gageure des trois commères** (*La Servante*) — sign. à D. Sears sc.

Page 126, **La Gageure des trois commères** (*Le Poirier*) — sign. à D. J. Gowland.

Page 128, **La Gageure des trois commères** (*Le Fil*) — sign. à D. Roulet s.

Page 137, **Le Calendrier des vieillards** — s. sign.

Page 147, **A Femme avare galant escroc** — s. sign.

Page 151, **On s'avise jamais de tout** — sign. à D. Sears sc.

Page 153, **Le Villageois qui cherche son veau** — sign. à G. P Français — à D. Adolp Best.

Page 154, **L'Anneau d'Hans Carvel** — sign. à G. Janet Lange

Page 158, **Le Gascon puni** — sign. à G. C. Boulanger — à D. J. Gowland.

Page 162, **La Fiancée du roi de Garbe** — sign. à G. Janet Lange del — à D. Lacoste et fils aîné.

Page 193, **L'Ermite** — sign. à G. Roqueplan — à D. Piaud s.

Page 272, **Les Remois** — sign. à G. Laville inv — à D. Scars.

Page 272, **La Courtisane amoureuse** — sign. à D. Scars.

Page 333, **Les Troqueurs** — sign. à G. Janet Lange del — à D. Lacoste et fils aîné.

Page 371, **Le Roi Candaule et le Maître en droit** — sign. à D. Scars.

Page 393, **La Jument du compère Pierre** — sign. au M. Janet Lange — à D. Scars.

Page 415, **Le Cuvier** — sign. à G. Janet Lange — à D. Scars.

Page 432, **Le Tableau** — sign. à G. C Devéria — — à D. Brevière.

Page 442, **La Clochette** — sign. à G. Pay p Français. Fig p Janet Lange — à D. Piaud s.

Page 459, **Le Remède** — sign. à G. Scars.
On rencontre cette édition avec l'adresse suivante 'Armand Aubrée qui remplace celle de Bourdin. Paris || Armand Aubrée || Éditeur des fables de La Fontaine || Rue de Vaugirard, 17 || sans date.

Illustrations de Tony Johannot, Roqueplan, Devéria, Boulan-   **1857**
      ger, Fragonard père, Janet-Lange, Français, etc. Paris,
      Contes de La Fontaine. In-4 à 2 col. Maresq et Cie.

Mauvaise reproduction d'une partie des vignettes de l'édition Bourdin voir page 101.

STAAL

Six vignettes in-8 gravées par Delannoy d'après Staal et   **1872-76**
      tirées des 3e et 4e volumes des :

Œuvres complètes || de La Fontaine. || Nouvelle Édition || &. ||

1872-76

par ǁ Louis Moland ǁ Paris ǁ Garnier frères, Libraires-Editeurs ǁ 6, Rue des Saints-Pères ǁ M DCC LXXIV. ǁ

Voir Armand Després p. 165, N° XVII.

Ces vignettes in-8 mesurent environ 121 H sur 96 L. Elles sont signées à G. Staal del — au M. Impr. Mangeon Paris — à D. F^d Delannoy sc. — Le titre est placé en dessous et plus bas on lit : Garnier frères Editeurs.

Les avant lettres et les eaux-fortes sont avant toutes lettres : il n'en a pas été fait de tirages réguliers.

Les contes illustrés sont :

Le Gascon puni. Tome III.

La Gageure des trois commères (*Le Poirier*).

Les Oies de frère Philippe.

La Courtisane amoureuse. Tome IV.

Le Roi Candaule.

Le Fleuve Scamandre.

HILLEMACHER

1874-75

Contes ǁ Et ǁ Nouvelles en vers ǁ par ǁ M. De La Fontaine ǁ Tome premier (ou second) ǁ Lyon ǁ N. Scheuring, Editeur ǁ 1874. ǁ

Deux vol. gr. in-8. — 1er vol. 2 T. VIII ff. et 226 pp. y compris la table. — 2° vol. 2 T. V-1T et 272 pp. y compris la table. — Impr. Louis Perrin.

Cette édition a été tirée à 521 exemplaires dont 400 sur papier vergé teinté ; 50 sur papier de Hollande ; 20 sur Chine ; 50 sur grand papier de Hollande ; 1 sur peau vélin.

VIGNETTES. — Elle contient 1 portrait, 1 frontispice, le même pour les deux volumes, 2 gravures hors texte, 71 vign. en tête de pages, 36 grands fleurons avec texte au dos pouvant être notés comme vignettes et 65 culs de lampe.

Tous les contes commencent au recto d'une page et sont généralement terminés par un cul de l. lorsque le texte le permet; par suite et surtout pour le 1er volume, lorsque le texte d'un conte finit sur un recto de page, on a quelquefois à la fin de la page un cul de l. et on a toujours au verso un grand fleuron rappelant le sujet du conte.

Toutes ces vignettes sont sans signature; elles ont été dessinées et gravées à l'eau-forte par Hillemacher. Les planches hors texte sont bordées d'un TC. doublé d'un filet, les culs de l. et fleurons sont à claire-voie.

Toutes ces vignettes, au nombre total de 166 pièces, ont été tirées à part sur Chine.

Portrait La Fontaine 3/4 à G. : Ovale 50 H sur 45 L, entouré d'un cadre, formé d'un uni plat entre deux listels, qui repose sur un soubassement architectural présentant, à sa partie inférieure, un bas relief (deux hommes, l'un assis de profil à G., l'autre debout de 3/4 à D. semblent se donner des couronnes. Tout cet ensemble s'enlève sur un fond rectangulaire uni entouré d'un cadre uni. Dimension totale : 121 H sur 77 L au TC.

Frontispice : La partie inférieure de la planche présente un soubassement architectural divisé en trois parties et surmonté de consoles à rinceaux. Sur ces consoles, au centre, des colombes se becquettent perchées sur le haut d'une lyre; de chaque côté s'enlèvent des guirlandes de feuillages et de fleurs formant cadre à cinq cartouches ovales représentant des sujets des contes. Au milieu de la planche, dans la partie laissée libre par les guirlandes, on lit : Contes || de || M. De La Fontaine || Tome Ier. || En bas, sur la partie centrale du soubassement, est écrit : N Scheuring || éditeur || M DCCC LXXIV || et sur les deux autres parties saillantes du soubassement se trouvent les mots : à G. Delorme — à D. forest-fleury. Sans signature. Dimension totale au TC. : 121 H sur 77 L.

En tête de page et fleuron à la préface p. 1

En tête de page et cul de l. à la Vie de la Fontaine.

Vignette hors texte. — *Joconde* (Scène du valet), p. 1.

Joconde — Le Cocu battu — Le Mari confesseur — Le Savetier — Le Paysan en tête de p. et cul de l.

Le Muletier en tête de p. cul de l. fleuron, p. 38.

Vignette hors texte. — *La Servante justifiée* en tête de p. et cul de l.

La Gageure des trois commères en tête de p, cul de l, fleuron, p. 59.

Le Calendrier des vieillards   •   •   •   p. 68.

A Femme avare galant escroc   •   •   •   p. 72.

On ne s'avise jamais de tout — Gascon puni — La Fiancée du roi de Garbe — La Coupe enchantée — Le Faucon — Le Petit chien — Pâté d'anguille — Le Magnifique en tête de p. et cul de l.

BEAUMONT

Contes ‖ de ‖ La Fontaine ‖ publiés par D. Jouaust ‖ avec une préface de Paul Lacroix. ‖ Dessins d'Ed. de Beaumont ‖ gravés à l'eau-forte par Boilvin ‖ Paris ‖ Librairie des Bibliophiles ‖ Rue Saint-Honoré, 338 ‖ M DCCC LXXXV. ‖

Cinq parties en 2 vol. in-16. — 1ᵉʳ vol. 2 Titres XXXIX et 204 pp. — 2ᵉ vol. 2 Titres et 290 pp.

VIGNETTES. — Un portrait et dix vignettes gravées à l'eau-forte par Boilvin d'après Beaumont.

Cette édition tirée à petit nombre sur papier ordinaire, comprend également 25 exemplaires sur chine et 25 exempl. sur whatman ; de plus, on a fait un tirage sur grand papier, de 220 exempl. numérotés ainsi répartis : 10 exempl. sur japon ; 20 exempl. sur chine ; 20 exempl. sur whatman ; 170 exempl. sur hollande. Les 10 exempl. sur japon contiennent la suite en trois états et les 200 autres exempl. du grand papier ne contiennent que deux états des planches. Un tirage analogue de vignettes a été exécuté.

Les vignettes ont environ 101 H sur 71 L ; elles sont bordées d'un TC. et signées à la p. à G. d'ap. de Beaumont — à D. E. Boilvin.

Les avec lettre portent un titre suivi de la mention placée entre parenthèses : Contes de La Fontaine I. 1 (indication de la tomaison par partie et nº du conte).

1885

Les avant lettre sont sans titre, sans indication de tomaison et les eaux-fortes sont avant toutes lettres.

Portrait. La Fontaine 3/4 à G. : ovale de 69 H sur 56 L dans un cadre de 6 m/m formé d'un uni plat bordé de deux listels. Ce cadre, placé sur un fond rectangulaire uni repose sur un soubassement architectural présentant dans sa partie inférieure une tablette sur laquelle est écrit : Jean de La Fontaine. Dimension totale : 104 H sur 71 L. — sign. à D. à la p. Boïlvin.

Avant lettre sign. comme ci-dessus.

Eau-forte.

Page 1, **Joconde**

Page 73, **Les Cordeliers de Catalogne.**

Page 137, **A Femme avare galant escroc.**

Page 187, **Mazet de Lamporechio.**

TOME SECOND.

Page 1, **Les Remois.**

Page 77, **Le Bât.**

Page 103, **Comment l'Esprit vient aux filles.**

Page 126, **Le Diable de Papefiguière.**

Page 190, **La Chose impossible.**

Page 214, **Le Fleuve Scamandre.**

STAAL

Contes ‖ de ‖ La Fontaine ‖ Edition illustrée de 180 vignettes dans le texte ‖ par Tony Johannot, C. Boulanger, Roqueplan, Fragonard père, etc. ‖ Et de nouveaux dessins hors texte ‖ par Staal ‖ précédée d'une introduction ‖ par M. Louis Moland ‖ Paris ‖ Garnier Frères, Libraires-Editeurs ‖ 6, Rue des Saints-Pères, 6 ‖ sans date.

Cinq parties en 1 vol. grand in-8 de 2 Titres LII et 589 pp. — 40 gravures hors texte et un grand nombre de vignettes dans le texte, de vignettes en tête de page et de culs de l.

Les gravures hors texte sont à claire-voie, généralement signées sur la planche. Le titre du conte est placé en II de la gravure et un texte explicatif de plusieurs vers, se trouve en bas suivi de l'indication de la page. On n'a pas fait de tirage avant lettre, aussi les suites, en cet état, sont-elles assez rares et difficiles à trouver complètes. Il en est de même pour les eaux-fortes.

Les vignettes dans le texte sont presque toutes tirées de l'Édition Bourdin 1839 (v. p 101), ainsi que les cinq titres et presque tous les en tête de pages. On doit faire exception pour les illustrations spéciales aux contes *attribués à La Fontaine* qui figurent dans la présente édition et qui n'étaient pas compris dans les éditions antérieures. Presque tous les culs de l. sont nouveaux.

En face du titre — **Le Roi Candaule** — sign. à G. G Staal — à D. Navellier et Marie.

Cette planche qui doit figurer à la page 376 est souvent remplacée par une autre de la même suite, en tête du volume.

Page 31, **Richard Minutolo** — sign. à G. G. Staal — à D. Navellier et L Marie sc.

Page 49, **Vénus Callypige** — sign. à G. G. Staal — à D. Taffini (?)

Page 50, **Les deux Amis** — sign. à G. A Sargent — à D. G. Staal.

Page 51, **Le Glouton** — sign. à G. G Staal — à D. Navellier et L Marie sc.

Page 52, **Sœur Jeanne** — sign. à G. G Staal — à D. Désiré Dumont.

Page 96, **Le Muletier** — sign. à G. G Staal — à D. Navellier et L Marie.

Page 101, **L'Oraison de Saint Julien** — sign. à G. Staal — à D. Navellier et L Marie sc.

Page 121 **La Gageure des trois commères (*Le Poirier*)** — sign. à G. G Staal — à D. Navellier et L Marie sc.

Page 129, **La Gageure des trois commères (*Le Fil*)** — sign. à G. G Staal — à D A Sargent.

Page 139, **Le Calendrier des vieillards** — sign. à G Staal — à D. Navellier et L Marie.

Page 151, **L'Anneau d'Hans Carvel** — sign. à G. G Staal — à D. Navellier et L Marie.

Page 163, **La Fiancée du roi de Garbe** (*La Cassette*) — sign. à G. G Staal — à D. Navellier et L Marie.

Page 192, **L'Ermite** — sign. à G. G Staal — à D. s. sign.

Page 201, **Mazet de Lamporecchio** — sign. à G. G Staal — à D. Navellier et L Marie.

Page 230, **Les Oies du frère Philippe** — sign. à G. G Staal — à D. Navellier et L Marie.

Page 239, **La Mandragore** — sign. à G. A Sargent — à D. G Staal.

Page 268, **La Coupe enchantée** — sign. à G. Navellier et L Marie sc — à D. G. Staal.

Page 277, **Le Faucon** — sign. à G. Navellier et L Marie sc — à D. G Staal.

Page 299, **Nicaise** — sign. à G. E Dargent.

Page 302, **Le Baiser rendu** — sign. à G. Anne sc. — à D. G. Staal.

Page 301, **Portrait d'Iris** — sign. à G. G. Staal — à D. Navellier et L Marie sc.

Page 306, **L'Amour mouillé** — sign. à D. G. Staal — à G. Navellier et L Marie sc.

Page 317, **Le Petit chien** — sign. à G. G Staal — à D. Navellier et L Marie sc.

Page 320, **Comment l'esprit vient aux filles** — sans sign.

Page 337, **L'Abbesse malade** — sign. à G. ?

Page 348, **Le Cas de conscience** — sign. à G. Navellier et Marie — à D. G Staal.

Page 364, **Féronde** — sign. à G. G Staal — à D. E Dargent.

Page 371, **Le Psautier** — sign. à G. G Staal — à D. Navellier et Marie sc.

Page 391, **Le Diable en enfer** — sign. à G. G Staal — à D. Navellier et L Marie sc.

Page 405, **Le Pâté d'anguille** — sign. à G. G Staal — à D. sans sign.

Page 413, **Les Lunettes** — sign. à G. ? — à D. G Staal.

Page 420, **Le Magnifique** — sign. à G. Navellier et Marie sc — à D. G Staal.

Page 423, **La Chose impossible** — sign. à G. Navellier et Marie sc. — à G. G Staal.

Page 458, **La Confidente sans le savoir** — sign. à G. G Staal — à D. Navellier et L. Marie sc.

Page 461, **Le Remède** — sign. à G. G Staal — à D. E Dargent sc.

Page 474, **La Matrone d'Ephèse** — sans sign.

Page 493, **Le Quiproquo** — sign. à G. G Staal — à D. Navellier et L. Marie sc.

Page 499, **Philémon et Baucis** — sign. à G. G Staal — à D. E Dargent sc.

Page 508, **Les Filles de Minée** — sign. à G. G Staal — à D. E Thomas sc.

FRAIPONT

Contes et Nouvelles ‖ de ‖ La Fontaine ‖ Nouvelle Edition ‖ Revue sur les textes originaux ‖ Eaux-fortes de Fraipont ‖ I (ou II) ‖ Paris ‖ Arnould, Editeur ‖ 17, Faubourg Montmartre, 17 ‖ s. d.   **1892**

Deux vol. in-16 faisant partie de la Petite Bibliothèque Portative. — 1er vol. Faux-titre. Titre. 323 pp. — 2e vol. Faux-titre. Titre. 291 pp. — 4 vignettes à l'eau-forte signées G. Fraipont.

Ces vignettes bordées d'un TC. mesurent 75 à 77 H sur 56 à 58 L, sont signées sur la planche et portent le titre du conte.

Tome 1er. En tête du vol. **Richard Minutolo.**
        Page 200, **L'Ermite.**

Tome II. En tête du vol. **Le Cuvier.**
        Page 163, **La Clochette.**

ICONOGRAPHIE

DES

Contes de La Fontaine

Introduction

La Fontaine a puisé les sujets d'un grand nombre de ses contes chez des auteurs dont les œuvres, déjà connues et publiées à son époque, ont fait depuis l'objet de nombreuses éditions illustrées.

Dans la liste des suites complètes et pièces séparées qui suivent, je me suis efforcé de ne signaler que les planches ayant rapport à La Fontaine, sans parler des vignettes qui font partie de suites importantes dessinées pour Boccace, pour l'Arioste ou autres. J'ai voulu éviter autant que possible ce qu'on appelle les *adaptations*. Je n'ai fait d'exception que pour certaines suites restreintes dessinées, il est vrai, pour un autre auteur, mais qui forment un ensemble complet pouvant figurer dans une édition de La Fontaine.

Je crois cependant devoir indiquer aux amateurs plus exigeants, les auteurs chez lesquels ils devront étendre leurs recherches et la liste des sujets qu'ils pourront trouver.

Décaméron de Boccace

Richard Minutolo	Le Mari battu et content.
Le Faiseur d'oreilles.	Le Berceau.
L'Oraison de Saint Julien.	Le Muletier.
2 sujets de la Gageure de trois commères.	A femme avare galant escroc.
Le Calendrier des vieillards.	La Fiancée du roi de Garbe.

L'Ermite.
Mazet de Lamporechio.
Le Psautier.
Le Diable en enfer.
La Confidente sans le savoir.

Les Oies de Frère Philippe.
Le Faucon.
La Jument de compère Pierre.
Le Magnifique.

Les Cent Nouvelles nouvelles

Le Mari confesseur.
On ne s'avise jamais de tout.
L'Ermite.
L'Abbesse malade.

Les Cordeliers de Catalogne.
Le Villageois qui cherche son veau.
Le Pâté d'anguille.

L'Heptaméron

La Servante justifiée.

Le Faiseur d'oreilles.

Rabelais

L'Anneau d'Hans Carvel.

Le Diable de Papefiguière.

Nouvelles de Machiavel

La Mandragore.

Anacréon

Les deux Contes intitulés : Imitations d'Anacréon.

Iconographie

Suites de Romain de Hooge détaillées dans la première partie de cet ouvrage.

1 frontispice et 58 en tête de pages, dessinés par Romain de Hooge, 2 vol. in-12, Amsterdam, Henry Desbordes. — Voir page 11. **1685**

Les mêmes retournés avec un second frontispice placé au 2ᵉ vol. Henry Desbordes. — Voir page 12. **1695**

2 frontispices et 62 vignettes en tête de pages, dessinés par Romain de Hooge, 2 vol. in-12. Amsterdam, Pierre Brunel. — Reproduction de 1685 avec 4 vignettes nouvelles, dont les compositions tiennent toute la page. — Voir page 13. **1696**

Les mêmes retaillés et retouchés : les 4 planches nouvelles sont réduites à la dimension d'en tête de page : Pierre Brunel, Amsterdam, 2 vol. in-12. — Voir page 14. **1699**

1 portrait, 2 frontispices et 58 en tête de pages, 2 vol. in-12. Amsterdam, Henry Desbordes. Nouveau tirage de 1695. — Voir page. 14. **1701**

2 frontispices et 69 vignettes, 2 vol. in-12. Amsterdam, Pierre Brunel. Nouveau tirage de 1699 avec 7 vignettes nouvelles. Voir page 15. **1709**

1 portrait, 2 frontispices et 58 vignettes en tête de pages. Amsterdam, Henry Desbordes, 2 vol. in-12. Copie de 1701. — Voir page 15. **1710**

2 frontispices et 69 vignettes en tête de pages. 2 vol. in-12. Amsterdam, Pierre Brunel. Nouveau tirage de 1709. Voir page 16. **1718**

1 frontispice et 11 vignettes hors texte. Amsterdam, Henry Desbordes. 2 vol. in-12. 1ᵉ édition avec vign. hors texte. Ce sont des imitations grandies des dessins de Romain de Hooge. Voir page 16. **1718**

1 frontispice et 69 vignettes en tête de pages. Amsterdam, N E Lucas, 2 vol. in-12. Réédition de 1709. Voir page 17. **1721**

1 frontispice et 11 vignettes hors texte. Amsterdam, Pierre Brunel. Nouveau tirage de 1718. Desbordes. Voir page 18. **1726**

1 portrait, 2 frontispices et 58 vignettes en tête de pages. — Amsterdam, Henri Desbordes. 2 vol. in-12. Copie de 1710. Voir page 19. **1726**

SUITES DE LANCRET PATER, ETC.
(Appelées également suites de Larmessin).

1730-50   Cette collection, qui comprend un grand nombre d'estampes in-folio, dont la moitié au moins en double état, n'a jamais été détaillée. Elle doit être divisée comme suit :

A — Pièces avant Larmessin, 12 estampes environ jointes à tort à la suite de Larmessin et publiées primitivement avec un texte, une signature ou une adresse spéciale; elles porteront ultérieurement l'adresse de Larmessin et feront partie de sa suite.

B — Suite de Larmessin limitée à 32 pièces par le catalogue même de Larmessin.

C — Pièces après Larmessin au nombre de 30 et pouvant être classées comme *suite de Buldet* : 32 sont un nouveau tirage de la suite B et portent en plus la mention *et présentement Buldet*; 4 planches ont la seule adresse de Buldet et sont ajoutées à tort à la suite Larmessin.

Toutes ces estampes in-folio en longueur mesurent de 265 à 285 ll sur 350 à 360 L : elles sont bordées d'un TC et portent la signature du dessinateur et celle du graveur. En dessous se trouvent un titre écrit en grandes lettres capitales, un texte en vers sur deux colonnes presque toujours signé soit Roy, soit Moraine et l'adresse de l'éditeur généralement placée entre les deux séries de vers.

Suite A (12 pièces environ)

LAURIN, 1 pièce.

L'Anneau d'Hans Carvel.

Laurin del   Aveline Sculp.

Quand vous autorisant. . . . . . .   L'amour entre partout : . . . . . .
(4 vers). . . . vos soupçons jaloux.   (4 vers). . . . . vouloir être amusé.

À Paris chez Charpentier rue St Jacques ‖ au Coq ‖ Avec Privilège du Roi ‖

LORRAIN, 1 pièce

La Chose impossible — 285 ll sur 360 L.

Lorrain inv.   D. Sornique Sculp.

Que ne peut point sur nous. . . . .   De ce sexe enchanteur. . . . . . .
(4 vers). . . . . donner au Diable.   (4 vers) . . . . et duper le Démon.
                                                                Moraine.

À Paris chez Charpentier ‖ rue St Jacques au Coq ‖ Avec Privilège du Roi. ‖

1780-50

1°   [...]ER, 8 pièces avec leurs états.

Le Baiser donné — *1er état*. Titre et texte français et latin.

Paterre pinxit	Fillœul Sculp.
Guillot passait............	D'um sequitur............
(6 vers)..... le galant fit l'office.	(6 vers)..... dat Galantin, viro.

A Paris chez Fillœul, rue Bordet à l'hotel de || Vandomme proche St Geneviève || A. P. D. R. ||

La même, 2e état — Titre et texte français.

Paterre pinxit	Fillœul Sculp.
Guillot venait gaiement........	Un Seigneur l'aperçoit........
(6 vers)........ vive étincelle.	(6 vers)....... plus d'un rose.
	O. Moraine.

A Paris chez Fillœul à lantré de la rue du Fouare au bastiment neuve || par la rue Galande || A. P. D. R. ||

La même, 3e état — Tirage allemand retourné sans signature : 307 H sur 437 L. En H du TC. à D. un numéro 5 : en bas se trouvent à G. le titre allemand et 2 colonnes de 8 vers ; à D. on lit le titre français et 2 colonnes de 6 vers (ceux de l'estampe précédente), et en dessous : Martin. Gottfr. Crophius, excud. Aug. Vind. Enfin au M à 49 m/m du TC. n° 2.

La même, 4e état — Tirage français retourné : sans signature à D.; sans adresse entre les vers qui sont les mêmes mais écrits en caractères différents.

2°   **Le Baiser rendu** — *1er état*. Titre et texte latin et français.

Paterre pinxit	Fillœul Scul.
Huit jours après............	Duxit et Egregiam............
(6 vers).......... avec Nicolle.	(6 vers)........... tanta fides.

A Paris chez Fillœul rue Bordet à l'hotel de || Vandomme proche St Geneviève. || A. P. D. R. ||

La même, 2e état — Titre et texte français.

Paterre pinxit	Fillœul Sculp.
Par bonheur pour Guillot.......	Du baiser qu'il obtint.........
(6 vers)... il fut reconnaissant.	(6 vers).... coucher avec Lizette.
	O. Moraine.

à Paris chez Fillœul a lantre de la rüe du fouare au bastiment neuve || par la rüe Galande || A. P. D. R. ||

La même, 3e état — Tirage allemand retourné sans signature : 305 H sur 435 L.; en H du TC à D. se trouve un numéro 5 ; en bas on lit, à G., le titre allemand et 2 colonnes de 8 vers ; à D. le titre français et 2 colonnes de 6 vers, ceux de l'estampe précédente et, en dessous, Mart. Gottfr. Crophius, excud Aug. Vind.

La même, 4e état — Tirage français retourné, sans signature à D. sans adresse entre les vers qui sont les mêmes mais écrits en caractères différents.

1730-50   *La même, 5e état* — Caractéres du texte différents ; titre écrit plus bas entre les vers et suivi de l'adresse : A Paris chez Dupré Marchand Ruë ‖ St Denis proche de la Ruë au Ours ‖ A P D R. ‖

La même, 6e état — Coloriée du temps, mêmes texte, titre et adresse.

3. **Les Aveux indiscrets** — (*1er état*).

Paterre pinxit   sans sign.

Depuis un an	La mère vint . . . .
(8 vers) . . la Chose est bien réelle.	(8 vers) . . . . en pareille aventure.

C. Moraine.

À Paris chez Filleul à l'entrée de la rüe du Fouarre au batiment ‖ neuf, par la rue Galande ‖ A. P. D. R. ‖

La même, 2e état — sign. à G. Paterre pinxit — à D. D R. à Culp. sans adresse entre les vers : le même texte écrit en caractéres différents.

4. **Le Cocu battu et content** — 287 H sur 367 L.

Paterre pinxit   Filleul sculp 1736

Un cadet expert	Elle dit au mari . . . .
(6 vers) . . un tour des plus filoux.	(6 vers) . . . et le bat d'importance.

C. Moraine.

à Paris chez Filleul à l'entrée de la rüe du Fouare au batiment neuf, ‖ par la rüe Galande. ‖ A. P. D. R ‖

5. **La Courtisane amoureuse** — *1er état.* Titre et texte latin et français.

Paterre pinxit   Filleul Sculp.

Aussi fière que belle.	Pulera Philis . . . .
(8 vers) . . . . . . l'office plus bas.	(8 vers) . . . . . . fungitur officiis.

A Paris chez Filleul rue Bordet à l'hotel de ‖ Vandomme proche Ste-Geneviève ‖ A. P. D. R. ‖

La même, 2e état — Titre et texte français.

Paterre pinxit   Filleul Sculp.

Si Constance dans Rome	Amour, rien ne t'arreste . . . . . .
(8 vers) . . . du plus humble service.	(8 vers) . . . elle n'eut pu trouver.

C. Moraine.

à Paris chez Filleul à l'entré de la rue Fouare au bâtiment neuf, ‖ par la rue Galande ‖ A. P. D. R ‖

6. **Le Glouton** — *1er état.*

Paterre pinxit   Filleul Sculp ‖ 1736

Un glouton	Il soupe . . . .
(6 vers . . . . . n'ote que la teste.	(6 vers) . . . . le reste du poisson.

à Paris chez Filleul à l'entrée de la rue Fouarre au batiment neuf ‖ par la rue Galande ‖ A. P. D. R. ‖

La même, 2e état — Tirage retourné, sign. à G. Paterre pinxit — à

D. D.R à Culp. : sans adresse entre les vers ; le même texte écrit en caractères différents.

7. La Matrone d'Ephèse — *1er état*.

Paterre pinxit	Filloul Sculp || 1786.
Dans Ephèse une Dame	Par des cris douloureux . . . .
(6 vers) . . . un Semblable Suplice.	(6 vers) . . se défend de les traits.
L'adresse du n° 6.	C. Moraine.

La même, 2e état — Tirage retourné, sign. à G. Paterre pinxite — à D. D. R. à culp. sans adresse entre les vers ; même titre et même texte non signé, écrits en caractères différents.

8. Le Savotier — *1er état* — 288 H sur 308 L.

Paterre pinxit	Filloul Sculp || 1786
Blaise le Savetier.	Mais lorsqu'il se flatoit. . . . .
(6 vers). . . au tendre Créancier,	(6 vers). . . . . . . devenir le jouet !
	C. Moraine.

À Paris chez Filloul à l'entrée de la rüe du Fouare au bastiment neuf, || par la rüe Galande. || A. P. D. R. ||

La même, 2e état — Tirage retourné sans sign. à D. et sign. plus fine à G. — le texte sans sign. touche presque le TC. et le titre est placé entre les vers comme l'adresse suivante : A Paris chez Dupré Md rue Saint Denis || proche la rue aux Ours. || A. P. D. R. ||

LE MESLE, 2 pièces

1. Le Cuvier — 200 H sur 370 L.

P. Le Mesle Inv et Pinxit	Filloul Sculp. 1737
Un Tonnelier chez lui	L'acheteur est dedans. . . . .
(6 vers). . . . . . . il est déjà vendu.	(6 vers) . . . . . le Cuvier sert de lit.
	C. Moraine.

A Paris chez Filloul à l'entrée de la rüe du Fouarre, || au Batiment neuf par la rue Galande. || A. V. P. D. R.

La même, 2e état — Tirage retourné — 285 H sur 362 L — sign. à G. Le Mesle Inv et pinxit — à D. Seinvork Sculp. Le texte sans sign. est écrit en caractères différent s. Le titre est entre les vers comme l'adresse suivante : A Paris chez Mason Rué St Onoré||Chez un fayancier à l'aigle Dor.||A. P. D. R.||

2. La Clochette — 200 H sur 370 L.

P. Le Mesle Pinxit	Filloul Sculp 1738
Un galant Bachelier.	Qui d'abord . . . .
(6 vers) . . . . l'innocente Fillette.	(6 vers) . . . . . . redoutez le silence.
	Moraine.

A Paris chez Filloul à l'entrée de la rue du Fouarre au bâtiment neuf || par la rue Galande || A. P. D. R. ||

Suite B (32 pièces).

La suite B, véritable suite de Larmessin, doit se composer de 32 pièces gravées par de Larmessin et Filloeul et portant toutes l'adresse de Larmessin, chiffre qui est porté sur le catalogue même du graveur. Ce catalogue qui pourrait servir de frontispice à la suite qui nous occupe est très rare à trouver : il se compose d'une simple feuille gravée ayant comme titre

Catalogue des Estampes ‖ gravées d'après différents grands Maîtres qui se vendent chez de Larmessin ‖ Graveur du Cabinet du Roy et de son Académie Royale. ‖ A Paris rue des Noyers, la 2ᵐᵉ porte cochère à gauche en entrant par la rue St Jacques. ‖

En dessous de ce titre se trouve la liste des estampes, écrite sur deux colonnes, en caractères gravés et divisée en trois parties avec titre spécial : *Portraits*, 7 pièces ; *Sujets d'histoires*, 27 titres formant 51 estampes ; *Contes de La Fontaine*, 32 estampes d'après les *maîtres* suivants (cette liste a dû être interrompue) : 12 d'après Lancret ; 4 d'après le Chevalier Vleughels ; 4 d'après Boucher ; 10 d'après Pater ; 2 d'après Le Clerc.

Il y a lieu de remarquer que Le Mesle n'est pas signalé parmi les *Maîtres* et cependant deux pièces d'après ce peintre sont comprises dans les 10 pièces de Pater ; d'autre part, je dois faire observer que les estampes de Pater et de Le Mesle portent encore comme graveur la signature de Filloeul et sont, par suite, de nouveaux tirages des pièces signalées plus haut (Suite A) avec une nouvelle adresse, celle de Larmessin.

Tout l'ensemble du texte de ce titre est enveloppé d'un cadre formé de rinceaux et chute de fleurs, se détachant extérieurement sur un fond rectangulaire uni qui donne à la planche une dimension de 375 H sur 270 L. Les rinceaux s'arrêtent, dans la partie supérieure, à un cartouche central qui devait sans doute porter une date. Dans la partie inférieure, ils se réunissent pour former une sorte de soubassement sur lequel se trouve un amour nu de profil à G., assis contre un carton d'estampes et reproduisant, sur une planche, la tête de femme placée devant lui.

Nota. — L'entourage de ce catalogue a été gravé à nouveau par le fils de M. Gosselin, marchand d'estampes, et lui sert d'adresse.

Les estampes bordées d'un TC comprennent en bas : un titre, un texte et une adresse écrite sur la même ligne, sauf pour les Pater.

Détail de la suite suivant l'ordre et le texte portés sur le catalogue de De Larmessin :

LANCRET

1. Les Oies du frère Philippe — 269 H sur 349 L.

N Lancret pinxit	De Larmessin Sculp.
Sur ces jeunes Beautez par un . . .	Mais tu le veux en vain, et . . .
. . . . . . ton fils dans l'ignorance.	. . . . . se fait connaître au cœur.

A Paris chez De Larmessin graveur du Roy rûe des Noyers à la 4me porte cocher à droite entrant par la rue St Jacques. A. P. D. R.

La même, 2e état — mêmes signatures, mêmes texte et adresse; mais des changements dans le ciel et dans les tailles sur les personnages.

1780-50

2. Le petit chien qui secoue de l'argent et des pierreries — 268 H sur 347 L.

N Lancret pinxit   De Larmessin Sculp.

Que des pattes d'un chien . . . . . .   Mais un cœur qui tiendrait . . . . .

. . . . un prodige incroyable.   . . . . . . aussi peu vraisemblable.

Même adresse que n° 1.   Mr Roy.

3. La Servante justifiée — 271 H sur 349 L.

Lancret pinxit   De Larmessin sculp.

L'art de tromper fait tout ; . . . .   La femme est incrédule . . . .

. . . . nargue des médisans.   . . . . tous trois sont contents.

Même adresse que n° 1 avec A P D R à la ligne.   Mr Roy.

4. Nicaise — 274 H sur 351 L.

N Lancret pinxit   De Larmessin Sculp.

Que de ce rendez-vous. . . . .   Le gazon l'eust gâté . . . .

. . . . met donc en cervelle.   . . . . on a changé d'avis

                                                          M. Roy.

A Paris chez de Larmessin graveur du Roy rûe des Noyers à la 4me porte cochere entrant par la rûe St Jacques. A. P. D. R.

5. Les Troqueurs — 273 H sur 351 L.

N Lancret pinx   De Larmessin sculp.

Sont-ce là quatre amants. . . . . . .   Non, ils sont mariez. . . . .

. . . . minuter le Contrat.   . . . . mais avec moins d'éclat.

Même adresse que n° 1.   M. Roy.

6. A Femme avare galant escroc — 273 H sur 350 L.

N Lancret pinxit   De Larmessin Sculp.

Rayez les cent Louis prêtés . . . .   L'Epoux enragerait encor . . . . . .

. . . . je les ay bien rendus.   . . . . titre elle les a reçus.

Même adresse que n° 4.   M. Roy.

7. Le Gascon puni — 271 H sur 352 L.

N Lancret pinxit   De Larmessin Sculp.

Le Stratagème est démasqué   Mais dans l'occasion si. . . . .

. . . . . nuit passée en pure perte.   . . . . avait trop risqué.

Même adresse que n° 4.   M Roy.

1730-50

8. Le Faucon — 271 H sur 353 L.

Lancret pinxit   De Larmessin Sculpsit.

Des Tresors prodiguez . . . .   De la reconnaissance il fixe . . . . .
. . . . est le seul qui la flate.   . . . . recompense un amant.
   Même adresse que n° 1.

9. Les deux Amis — 272 H sur 350 L.

Lancret pinxit   De Larmessin Sculp.

Peux-tu disconvenir d'avoir. . . . .   Ah c'est plustost le lien . . . .
. . . . La fille est ton portrait.   . . . . . trop pour s'en dire le père.
   Même adresse que n° 4.   M Roy.

10. On ne s'avise jamais de tout — 270 H sur 351 L.

N Lancret pinxit   De Larmessin Sculp.

Tu me dis qu'elle attend un . . . . .   J'entends. Les tours malins . . . .
' . . . . . sien jeté d'une Fenestre.   . . . . j'ay trouvé mon maitre.
                                      M' Roy.

   A Paris chez De Larmessin Graveur du Roy rüe des Noyers à la 2e porte cocher à gauche entrant par la rüe St Jacques. A P D R.

11. Les Rémois — 269 H sur 349 L.

N Lancret pinxit   De Larmessin Sculp.

A la Femme du Peintre. . . . .   Trahis et prévenus les . . . .
. . . . qu'il aurait craint d'eux.   . . . . . . peine et témoins oculaires.
   Même adresse que n° 10.   M' Roy.

12. Pâté d'Anguille — 268 H sur 352 L.

Lancret Pinxit   De Larmessin Sculpsit.

Ne blame plus ton maitre . . . . . .   Ce Paté, quoique exquis. . . . . .
. . . . tu dois te laisser faire.   . . . . . belle a cessé de lui plaire.
                                  M Moraine.

   Même adresse que n° 10 sans la faute à *cochère*.

LE CHEVALIER VLEUGHELS

13. Frère Luce — 269 H sur 349 L.

Peint par le Chevaliers Vleughels   De Larmessin Sculp.

Mère Simple et fille ingénue. . . . .   Per un moyen nouveau. . . . . . .
. . . . qui veut en approcher.   . . . . de venir les chercher.
   A Paris chez De Larmessin graveur du Roy rüe des Noyers à la 1re porte cochere en entrant par la rüe St Jacques. A. P. D. R.

14. La Jument du compère Pierre — 268 H sur 349 L.

Peint par le Chevalier Vleughels   De Larmessin Sculp.

Messire Jean travaille . . . .   Pierre sui mon conseil . . . .
. . . . mieux accomplir ce mystère   . . . importuns genent sa Charité.
   Même adresse que n° 13.

1730-50

15. Le Villageois qui cherche son veau.

Peint par le Chevalier Vleughels   De Larmessin Sculp.

Perché sur cet ornement qui . . . .   Ne vois tu pas que ces . . . .

. . . . va l'informer ailleurs.   . . . . temps de te répondre.

                                      M Roy.

Même adresse que n° 13.

16. Le Bast.

Peint par le Chevalier Vleughels   De Larmessin Sculp.

Vainement d'un jaloux tu . . . . . .   Pour réparer ta faute et . . . .

. . . . tu t'efforces de faire   . . . . . . que le découvrir mieux.

                                    M° Moraine.

A Paris chez De Larmessin graveur du Roy, rüe des Noyers à la deuxième porte cochere à gauche entrant par la rüe St Jacques. A. P. D. R.

BOUCHER

17. La Courtisane amoureuse — 208 H sur 371 L.

F Boucher pinxit   De Larmessin Sculp

Dédaigneuses Beautez voyez . . .   Cette soumission qui ferait . . . . .

. . . . . aux pieds de son amant.   . . . . fut le commencement.

A Paris chez De Larmessin graveur du Roy rüe des Noyers à la 1ᵉ porte cochere en entrant par la rüe St Jacques. A. P. D. R.

18. Le Calendrier des vieillards -- 270 H sur 311 L.

Boucher pinxit   De Larmessin sculpsit

Avec ton Almanac de jeûne, ...   Elle et son Ravisseur . . . .

. . . . ta harangue et ton Or.   . . . . ce moment d'audience

                                    M. Roy.

Même adresse que n° 10.

19. Le Magnifique — 299 H sur 367 L.

Boucher pinxit   De Larmessin Sculpsit

S'il parle à ta Moitié ce n'est . . . .   Elle entend ses discours, il . . . . .

. . . . toy même a fait la loy :   . . . . du Prodigue ou de toy.

                M Roy Chevalier de ll'Ordre de St Michel

Même adresse que n° 10 sans la faute à *cochère*, le chiffre 2ᵉ est au des sus de la ligne.

20. Le Fleuve Scamandre.

Boucher pinxit   De Larmessin Sculpsit

Pour vos Jeunes Apas le. . . . . . .   Un Dieu ! Mais s'il n'était . . . . . .

. . . . un Dieu qui vous aime.   . . . . . à vous tromper vous meme.

                                   M° Roy.

Même adresse que n° 10.

1730-50 PATER, dont deux pièces de LE MESLE

21. **Le Baiser donné.**	26. **Les Aveux indiscrets.**
22. **Le Baiser rendu.**	27. **Le Savetier.**
23. **La Matrone d'Ephèse.**	28. **Le Cocu battu et content.**
24. **La Courtisane.**	29. **La Clochette.**
25. **Le Glouton.**	30. **Le Cuvier.**

Ces dix pièces, nouveau tirage de la Suite A détaillée plus haut, ne diffèrent, en général, que par l'adresse suivante qui remplace celle de Filloeul : A Paris chez De Larmessin rûe des Noyers à la 2e porte cocher à gauche entrant par la rue St Jacques. A.P.D.R. Cette adresse placée entre les deux séries de vers est divisée suivant l'espace compris entre ces vers.

Je dois signaler un état curieux pour *Le Baiser donné* et *Le Baiser rendu*, tirage Larmessin. Les vêtements ont été finement découpés et remplacés par des morceaux d'étoffes, brochées ou communes, suivant les personnages. Ces morceaux d'étoffes sont pliés et collés au dos de l'estampe.

LE CLERC

31. Le Rossignol — 263 H sur 315 L.

Le Clerc pinxit   De Larmessin Sculpsit.

Incommode Parente quelle est . . .   Cet oiseau va tomber dans un . . .

. . . . vous allez tout gater.   . . . . . . seule il se plait à chanter.

                                    Mr Moraine.

Même adresse que le n° 10 sans la faute.

32 Le Faiseur d'oreilles et le Raccommodeur de moules — 267 H sur 343 L.

Le Clerc pinxit   De Larmessin.

Guillaume était absent . . . .   Travaille au moule, André . . . . . .

. . . . lui rendant la pareille.   . . . . vous parait le plus sot

     Même adresse que n° 10.

Suite C.

Cette troisième suite comprend 36 estampes. C'est un nouveau tirage des pièces précédentes avec l'adresse de Buldet et 4 estampes nouvelles gravées par Tardieu et Legrand d'après les dessins d'Eisen.

En ce qui concerne les Pater-Filloeul, l'adresse est celle de Larmessin suivie des mots « et présentement chez Buldet ». Pour les autres l'adresse de Larmessin a été conservée sur une seule ligne et on lit au dessous entre les deux séries de vers « et chez Buldet ».

Les estampes nouvelles d'Eisen sont :

33. Le Cas de conscience — 266 H sur 361 L.

Ch. Eisen del   Tardieu

Anne avait vu Guillot tout . . . . .   Mais par certain Brochet . . . . . .

. . . . . Pasteur, également pêcher.   . . . . . bien de sa morale austère.

P. M. Moraine.

A Paris chés Buldet rue de Gesvres au grand Cœur.

34. La Gageure des Trois Commères.

Ch. Eisen del   Tardieu

De tromper vos maris si. . . . . . .   La honte est pour eux . . . . . .

. . . . le plaisir et la gloire.   . . . . . soit Epoux qui voudra.

Par M. Moraine.

Même adresse que n° 33.

35. Le Gascon — 267 H sur 359 L.

Ch. Eisen del   Tardieu Sculp

Quand pour nombrer . . . .   Tu ne t'attires pas beaucoup . . . .

. . . . . . montres tes dix doigts.   . . . . Annette a trop d'expérience.

Par M. Moraine.

Même adresse que n° 33.

36. Promettre c'est un et tenir c'est un autro — 1ᵉʳ état.

Ch. Eisen del   L. Le Grand sculp.

De dix à cinq c'est tromper. . . . .   Elle voulait plus que sa . . . .

. . . . ne me fait pas pitie.   . . . . par delà sa puissance.

par M. Moraine.

Même adresse que n° 33.

2ᵉ *etat* avant la lettre, les noms tracés à la pointe.

3ᵉ *état*   -   eau-forte pure.

Un certain nombre de ces estampes ont été reproduites, je ne veux pas parler ici des quatre pièces que l'on rencontre en couleur ou en noir et qui sont datées 1801. Mais des pièces de différents formats qui reproduisent les mêmes sujets : ces pièces n'étant pas datées, je crois nécessaire de les signaler à cette place.

Je n'ai pas la prétention de les énumérer toutes : les amateurs seront heureux de trouver ici des lacunes qu'ils pourront remplir.

Les Oies de frère Philippe (*Planche retournée*) — 152 H sur 262 L — sans les sign. — même titre et même texte en caractères différents.

La Servante justifiée (*même côté que le n° 3* — 267 H sur 315 L — sign. à G. Lauderet pinxt — à D. J. Brooks Sculp — titre seul.

La même retournée — 156 H sur 262 L, — sans sign. — mêmes titre et texte caractères différents.

Le Petit chien qui secoue des pierreries (*pl. retournée*) — bordé d'un TC. double d'un filet — 189 H au filet sur 257 L.

1730-50

La Jument du compère Pierre (*retourné*) — 270 H sur 351 L. — sign. à G. Peint par le Chevalier Vleughels — rien à D. — mêmes titre et texte que n° 11. — La femme est *découverte*.

La même — réduction même côté que l'a précédente — 175 H sur 200 L. — Le titre « la Jument du Com ‖ perre Pierre » est placé au milieu entre deux séries de vers dont celle de G. seule est écrite. Cette série de quatre vers reproduit le n° 14.

Le Calendrier des vieillards (*sujet retourné*) — 272 H sur 370 environ L. — sans sign. — à G. un texte hollandais — à D. un texte latin.

Le Fleuve Scamandre (*sujet retourné et réduit* — 162 H sur 203 L. — sans sign. ni adresse — mêmes titre et texte que le n° 20, mais en caractères différents
Tho ‖ Painter au Afs ‖ A Tale ‖ (Le Bast). Pièce anglaise, même sens, à la manière noire — 237 H sur 350 L.
Le titre ci-dessus, orné de traits à la plume, est placé entre deux séries de quatre vers anglais; de plus on lit à G. Lancret Pinx¹ — à D. Moore fecit ‖ Printed for Rob¹. Sayer in Fleet Street.

The Jealous husband and intreagueing wife (*Le Mari battu et content*). — Pièce anglaise, même format que la planche de Pater retournée — sign. au bas de la planche Gurnier sc — sign. également en dessous de la pl. à G. Pater pinx — à D. Gurnier scul. — au bas sous le titre on lit : printed for Tho⁵ Bowles in S¹ Pauls church-yard and John Bowles at 7. Black horse in Cornhill.

RÉDUCTIONS PAR SUITE (3 suites similaires).

Je suivrai ici comme précédemment l'ordre des pièces de Larmessin, dont elles sont la réduction. Le nombre n'en n'est peut être pas rigoureusement exact ; car ces suites ne sont pas communes. Ces petites estampes en longueur, la pluspart signées, ont 92 H sur 124 L mesurées à l'intérieur d'un cadre mouluré de 4 m/m d'épais. Un texte de deux séries de vers est placé au desous du titre.

Première suite. (15 pièces) : **Les Oyes du frère Philippe** — à G. Vleughels pinxit à D. Amsterdam — deux séries de quatre vers.

Le Petit chien qui secoue des pierreries — sans ind. — deux séries de deux vers.

La Servante justifiée — à G. Lancret pinxit — à D. Amsterdam — deux séries de trois vers.

Nicaise — à G. Lancret pinxit — à D. Amsterdam — deux séries de trois vers.

Les Troqueurs — à D. Amsterdam — deux séries de trois vers.

A femme avare galant escroc — à G. Lancret pinx — à D. Amsterdam — deux séries de trois vers.

Les deux Amis — deux séries de deux vers — sans indicat. de sign. ni lieu d'édition.

Les Rémois — deux séries de deux vers — sans indicat. de sign. ni lieu d'édit.

Frère Luce — deux séries de trois vers — à G. Vleughels pinxit — à D. Amsterdam.

Le Villageois qui cherche son veau — deux séries de quatre vers — sans indic.

La Courtisane amoureuse — deux séries de deux vers — sans indic.

Le Calendrier des vieillards — deux séries de deux vers — à G. Boucher pinxit — rien à D.

Le Baiser donné — deux séries de six vers — à G. Pater pinxit — rien à D.

Le Baiser rendu — deux séries de six vers — à G. Pater pinxit — rien à D.

Le Cuvier — deux séries de quatre vers.

Deuxième suite : Contre-partie identique de la suite précédente, même dimension avec cadre, mêmes signatures et même texte, les sujets sont retournés.

Troisième suite : Copie de la première suite, tirage très mauvais : les sujets sont tantôt dans le même sens et tantôt retournés ; certaines pièces ont été supprimées et remplacées par d'autres ou peut être n'ai je pas su trouver les similaires. Dimension : 96 H sur 126 L avec cadre de 3 m/m — texte et titre en caractères différents ; elles sont presque toutes signées ; *Les Oyes du frère Philippe — la Servante justifiée — Nicaise — les Troqueurs — A Femme avare galant escroc — Frère Luce — le Villageois qui cherche son veau — la Jument du compère Pierre* sont signées à G. Vandelf ; à D. Amsterdam ;

1780-50

Les deux Amis — la Courtisane amoureuse — sans sign. ;

Le Baiser donné — le Baiser rendu — le Curier — le Savetier sont sans signature et le titre est placé entre les deux séries de vers.

PIÈCES DÉTACHÉES (appartenant peut-être chacune à une *suite*).

Les Rémois ferait partie d'une copie de la première suite. Dimension : 79 H sur 125 L ; bordée d'un T C doublé d'un filet double : en H de la pl. à D on voit un numéro 1. Entre les deux séries de vers en bas, sous le titre, on lit : Paris, chez Crepy, rue S. Jacques à S. Pierre, près la rue de la Parcheminerі.

Le Calendrier des vieillards — contre-partie de la première suite, même texte, même signature, mais avec l'adresse : A Paris, chez Charpentier, rue Saint-Jacques, au Coq.

La Servante justifiée — sujet à claire-voie : le ciel est supprimé et le terrain est traité comme dans les imageries destinées à être découpées ; le texte et le titre sont séparés du sujet par un double filet. Dimension du cuivre : 94 H sur 119.

La Courtisane amoureuse — 127 H sur 117 L — sujet à claire-voie bordé d'un double filet ; les fonds et le terrain sont traités comme l'imagerie destinée à être découpée. Le fond de la chambre est remplacé par deux arbres auxquels les draperies sont accrochées. Le galant assis de D à G. En dessous du filet se trouve le titre suivi d'un texte de trois lignes : en H à G en dedans du filet on lit un numéro 3.

RÉDUCTION FRANÇAISE FAITE PAR JACOB

16 pièces dont 11 de la suite Larmessin et deux nouvelles : Cette série est en hauteur, généralement bordée d'un T C et sans cadre sauf quatre pièces : elles sont toutes signées, sauf les deux dernières pièces, et portent un titre écrit en lettres carrées.

Les Oyes du frère Philippe — 121 H sur 79 L — sign. à G. N. Lancret pinx — à D. Dessiné avené et gravé par Jacob.

La Servante justifiée — 122 H sur 77 L — sign. comme ci-dessus.

Les Remois — 121 H sur 77 L — sign. comme ci-dessus.

Frère Luce — 121 H sur 78 L — sign. à G. Vleughels pinx — à D. comme ci-dessus.

La Jument du compère Pierre — 122 H sur 76 L — sign. comme ci-dessus.

Le Villageois qui cherche son veau — 123 H sur 75 L — sign. comme ci-dessus.

Le Bast — 121 H sur 76 L — sign. à G. Vleughels pinx — le reste comme ci-dessus.

Le Magnifique — 125 H sur 82 L — sign. à G. Boucher pinx — le reste comme ci-dessus.

La Courtisanne amoureuse — 121 H sur 82 L — sign. comme ci-dessus.

Le Fleuve Scamandre — 121 H sur 78 L — sign. à G. Boucher pinx — le reste comme ci-dessus.

Le Baiser rendu — 105 H sur 64 L, et un cadre de 1 m/m. — sign. à G. Jacob sc.

Le Baiser donné — 107 H sur 64 L et un cadre de 1 1/2 m/m. — sign. à G. Jacob sc.

Le Cuvier — 121 H sur 76 L — sign. à G. Le Mesle pinx — rien à D.

Le Faiseur d'oreilles || et le Raccommodeur de moules — 122 H sur 76 L — sign. à G. Le Clerc pinx — à D. comme la première planche.

Le Diable en Enfer — 94 H sur 52 L — mesuré à l'extérieur d'un cadre de 4 m/m formé d'un uni plat entre deux listels — sans sign.

La Jument du compère Pierre — 94 H sur 52 L — mesuré à l'extérieur d'un cadre de 4 m/m formé d'un uni plat entre deux listels — sans sign.

----

1 frontispice et 15 vignettes hors texte. Amsterdam, N. Etienne Lucas. 2 vol. in-12. Reproduction des vign. de 1718, avec 4 nouvelles comp. V P. 19 **1731**

1 frontispice et 63 en tête de pages. 2 vol. in-12. Amsterdam, Etienne Lucas. Copie des Romain de Hooge, 1700. Voir page 20. **1732**

S D — **La Matrone d'Ephèse** — vignette de 102 H sur 68 L — bordée d'un T C et signée à G. Lud Chéron, inv. — En dessous on lit le titre ci-dessus et le texte suivant : **1734**

Id cinerem aut manes credis curare sepultos. (Virg. *Eneid*, l. 4, v. 34.)

1735? S D — SUITE DE 25 PETITES ESTAMPES — dessinées par Cochin
et gravées par divers.

Nous lisons dans le || Catalogue || de l'Œuvre || de Ch. Nic. Cochin
fils || par Charles-Antoine Jombert || à Paris || de l'imprimerie de Prault ||
M. DCC. LXX. Page 10 — numéro 22 :

« Plusieurs sujets des *Contes de la Fontaine* ont été dessinés par
C. N. Cochin le fils, en 1735, et gravés par divers graveurs assez mé-
diocres pour un marchand vitrier nommé Celis, avec huit vers au bas de
chaque estampe. On connaît entre autres: *La Mandragore, le Petit
chien..., le Faiseur d'oreilles, les Rhemois, le Cas de conscience. Suite
du Cas de conscience, Nicaise, Mazet, l'Hermite, le Villageois qui cherche
son veau, etc...* »

On peut réunir pour cette *suite* 25 sujets différents sans compter
quelques-uns en double *état*; et sans parler de deux pièces, *l'Horoscope* et
la Devineresse, destinées aux fables de la Fontaine.

Ces estampes mesurent de 126 à 133 H sur 107 à 112 de L et sont
bordées d'un T C. En dessous du T C se trouve le titre du conte et un texte
qui se compose de six ou huit vers disposés en deux séries de vers: Deux
pièces en longueur, sont de format différent: Seul, *le Diable de Papefiguière* est sans texte. Certaines planches ont l'adresse de Seüs soit rue
Saint-Dominique, faubourg Saint-Jacques, soit rue Saint-Dominique du
côté de la rue d'Enfer; d'autres ont l'adresse de Danisi; enfin quelques
pièces portent la signature (?) de Crepy.

DÉTAIL DES PIÈCES

1. Le Savetier — 126 H sur 110 L. TC. La femme et le galant assis
sur un lit à D: le Savetier au fond à G soulève un rideau.

  (8 vers) — Pour bientost s'acquiter. . . . . . .

    . . . . .et battit la retraite.

A Paris, chez Selis rûe Saint-Dominique, faubourg Saint-Jacques.

2. La Servante justifiée — 126 H sur 110 L — T C. La scène se passe
à G : la femme à la fenêtre est à G.

  (8 vers) — Au milieu du jardin. . . . . . .

    . . . . . c'étoit moy, répond-elle.

Même adresse que numéro 1.

3. Second tour des trois Commères — 129 H — 107 L — T C. Le
groupe est étendu de G à D au pied d'un poirier qui tient le milieu de la
planche et sur lequel le mari est monté.

  (8 vers) — C'est à tort que tu crois. . . . . . .

    . . . . . branche à ton valet Guillot.

Sans adresse.

4. Le Gascon puni — 128 H sur 111 L — T C. Le Gascon couché à D, de D à G, le personnage qui tient la torche est debout à G, de profil à D.

(7 vers) — Oh! malheureux Gascon. . . . .
. . . . et de n'en point tâter.

Adresse du numéro 1.

4 *bis*. La *même*, retournée — 127 H sur 111 L.

La physionomie des personnages n'est pas la même : le titre et le texte en caractères différents — pas d'adresse.

5. Le petit Chien — 129 H sur 109 L — TC. Le pèlerin de profil à D assis à G contre la femme placée dans son lit.

(8 vers) — Le généreux Atis. . . . . . .
. . . . pour en enfiler.

Sans adresse.

5 *bis*. La *même*, même côté — sans TC 133 H sur 112 — enveloppée à D et G par un cadre ogivale.

6. Le Pâté d'anguille — pièce en longueur — 133 H sur 160 L — TC. Le valet surprend le maître auprès de sa femme : le lit à G de la planche et le valet à D de profil à G.

(2 séries de 4 vers) — Ton maître. . . . . . .
. . . renouvellent les plaisirs

7. Suite du Pâté d'anguille — pièce en longueur — 132 H sur 159 L — TC. Personnages autour d'une table : Le maître au fond, de face sur le marches d'un escalier.

(2 série de 4 vers) — Afin de te prouver . . . . . .
. . . Diversité! c'est ma devise.

Sans adresse.

8. La Clochette — 127 H sur 110 L — TC. Le groupe est placé à G, l'homme de profil à G : On aperçoit sous bois vers la droite la vache qui orte la clochette.

(8 vers) — Le son d'une clochette. . . . . .
N'allés au bois que rarement.

Sans adresse.

9. Le Baiser donné — 128 H sur 110 L — TC. Le groupe au milieu : le Seigneur profil à G ; Guillot de face sur la G ; au fond à G la grille d'un château.

(8 vers) — Guillot menait chez lui. . . . . . .
. . . . . . s'il en eût cru son cœur.

Sans adresse.

9

1735 ?

10. **Le Baiser rendu** — 127 H sur 110 L. — TC. Le groupe sur la G, Guillot profil à D : le Seigneur de face sur la D

(8 vers) — Le Monsieur à son tour. . . . .

. . . . j'aurais la jouissance.

Sans adresse.

11. **Les Oyes de frère Philippe** — 130 H sur 112 L. — TC Le vieillard au centre retient son fils à D de profil à G : le groupe des femmes est au fond à G.

(0 vers) — Cesse, Vieillard. . . . . . .

. . . . . . le sexe charmant.

Sans adresse.

12. **Le Villageois qui cherche son veau** — 131 H sur 112 L. Le groupe est étendu contre un rocher de D à G. Le villageois sur son arbre est à D.

(8 vers) — Pour découvrir. . . . . . .

. . . . ne vous déplaise.

Sans adresse.

13. **Frère Luce** — 132 H sur 111 L. — TC. Le frère est à G 3 4 à D devant la mère à D profil à G : La fille est de face entre les deux au deuxième plan.

(6 vers) — Votre aveuglement. . . . .

. . . . sera bientôt piquée.

Crepy ex.

13 *bis*. *La même*, sans la sign. Crepy ex.

13 *ter*. *La même*, comme le numéro 5 *bis*.

14. **Frère Luce congédiant Agnès** — 125 H sur 100 L. — TC. La cabane du moine est à D. Agnès en sort de profil à G, reconduite par le moine de profil à G.

(8 vers) — Agnès, Cessez d'en. . . . .

. . . . . . prest à si bien opérer.

Sans adresse.

15. **Mazet de Lamporechio** — 128 H sur 113 L. — TC. Sous une tonnelle la nonne à D de 3/4 à G tient la main de Mazet 3/4 à D Au fond à G une seconde nonne fait le guet.

(8 vers) — Mazet pour jardinier. . . . . . .

. . . . . . leur demander quartier.

Sans adresse.

16. **La Mandragore** — 127 H sur 110 L. — TC. Le lit à G et la femme couchée de 3/4 à G : le mari de face sur la D : une porte au fond à D

(8 vers) — Nice pour engendrer. . . . . . .

. . . . . au plus doux des trépas.

à Paris, chez Selis, rue Saint-Dominique, du côté de la rue d'enfer.

1735 ?

17. Les Remois — 131 H sur 110 L. Le groupe au M. Le peintre assis à table se penche vers la femme à D : par la porte au fond on aperçoit les deux Remois.

    (8 vers) — Deux bons Remois. . . . . . .
          . . . . leur zèle officieux ?

Sans adresse.

18. Nicaise — 131 H sur 112 L. — TC. Nicaise avec le tapis à G ; il est tourné vers la belle qui s'en va vers la D.

    (6 vers) — Nicaise que ta teste. . . . . .
        Demandait une couverture.

Sign. à D en dessous des vers — Crepy ex.

19. Le Cas de consience — 132 H sur 110 L — TC. La jeune fille cachée à D derrière une touffe de feuillage et de profil à G regarde le baigneur placé à G.

20. La suite du Cas de consience — 130 H sur 111 L — TC. Devant une demeure rustique, un abbé sur la G semble répondre à une fille placée au M de profil à G ; à D un personnage se dirige vers la D remportant un plat et regardant l'abbé.

    (4 vers) — Un brochet est offert. . . . . . .
        . . . . que d'en avoir goûté.

Sign. sous le vers à D — Crepy ex.

21. Le Diable de Papefiguière — 127 H sur 111 L — TC. A la porte d'une maison placée à G, la femme de profil à D montre au diable... : celui-ci au M de 3/4 à G.

    Ni texte ni adresse.

22. Le Cuvier — 131 H sur 111 L — TC. Le Cuvier placé à G : La femme de profil à D appuyée contre le cuvier écoute les propos de l'acheteur de profil à G.

    (8 vers) — Jean arrive chez lui. . . . . . .
        . . . . de Throne à ses plaisirs.

Sans adresse.

23. La Chose impossible — 130 H sur 109 L — TC. Les deux personnages sur un canapé de face : le diable à G reçoit les ordres de l'amant.

    (8 vers) — Sans le secours d'une. . . . . . .
        . . . . . le plus fort des Lutin.

Sans adresse.

24. Le Faiseur d'oreilles. ||et le **Raccommodeur de moules** — 130 H

1735 ? sur 110 L — TC. Le lit est sur la D : Andre de profil à D pousse l'épouse sur le lit ; Guillaume est à D, caché par un rideau.

   (8 vers) — Guillaume était. . . . .

     . . . . .de la même façon.

Sans adresse.

  25. **La Cruche** — 133 H sur 114 L — TC. Jeanne à G de la fontaine, à la main sur la cruche cassée : elle pleure et écoute les propos de Jean placé derrière elle un poignard à la main.

  à Paris, chez Danisi, rue Saint-Jacques, au Chinois. En dessous à D on lit : Crepy ex.

1735 ? S. D. **La Cruche cassée** — médaillon ovale — 62 H sur 81 L, — entouré d'un cadre mouluré et fixé sur un fond rectangulaire de 69 H sur 93 L.

  Au-dessous on lit un texte de 4 vers suivi d'une adresse placée à G.

    Le sujet de vos pleurs. . . . . . .

     . . . . . . .pleurez-vous des deux ?

A Paris, chez Crépy — à D, rue Saint-Jacques.

1735 ? S D **La Matrone d'Ephèse** — Estampe gravée par Desplaces d'après Coypel 335 H sur 265 L. bordée d'un TC, — est signée à G. Peint par Ch. Coypel : à D. Gravé par L. Desplaces.

  En dessous de la planche se trouve le titre ci-dessus ainsi qu'un texte composé de 2 séries de 3 vers et suivi à 39 m/m du TC de l'adresse du graveur.

Un galant peu timide. . . . . . .   Au siècle où nous vivons. . . . . .

(3 vers). . .que l'amour le présente. (3 vers). . . .manquer de fidélités

  A Paris, chez Desplaces, rue de la Jussienne

1740 ? S D — ESTAMPES ANONYMES grand in-4°, gravées à l'eau-forte.

  Nous connaissons 5 de ces estampes qui semblent toutes de la même main, sans titre, sans texte, ni sign.

  La Servante justifiée — à l'eau-forte pure — 233 H sur 184 L — TC très faible. — Au bas d'un escalier de jardin qui descend de G à D, un seigneur cherche à retenir une femme qui se défend modérément ; elle tient de la main gauche une corbeille de fleurs. A la fenêtre d'une maison à D on aperçoit une femme qui regarde.

  Frère Luce (recevant Agnés) — 240 H sur 185 — pièce terminée. — Le moine assis, de profil à G, à la porte de sa cabane la mère lui présente Agnés : 3/4 et profil à G.

  Frère Luce (reconduisant Agnés) — pièce terminée — 231 H sur 183 L. — A la porte de sa cabane, le moine de profil à G, congédie Agnés, de face, et sa mère, placée derrière elle.

L'Hermite — pièce pas complᵗ terminée — 231 H sur 181 L : Le moine, de profil à D, tient par la main une femme qui est étendue sur un lit rustique.

Le Bast — 220 H sur 183 L : Le jeune peintre de profil perdu à D ; la femme assise de face, sur le bord d'un lit ; à D un chevalet avec un tableau.

SUITE DE COCHIN. — 1 frontispice gravé par Lebas — 2 fleurons sur les titres, 1 en tête de page gravé par Fessard, d'après Cochin — 69 vignettes en tête de pages, dessinées par Cochin et gravées par Chedel Fessard et Ravenet. 2 vol. in-12 — Amsterdam.

2 vignettes de Cochin ont été remplacées par deux réductions des Larmessin : *A femme avare galant escroc — On ne s'avise jamais de tout,* — Voir page 22.

S D — 4 **ESTAMPES** in-4°, gravées par Pierre, d'après Subleyras :

Ces 4 estampes de 185 H sur 138 L sont toutes bordées d'un TC : elles ne portent aucun titre et sont toutes signées à la pointe à G, L. Subleyras, p.: à D, pierre fec.

Ces pièces sont : *Frère Luce,* — *les Oies de frère Philippe,* — *le Faucon,* — *la Courtisane amoureuse.*

S D — 3 **PIÈCES ANONYMES** en longueur, sans adresse, portant un titre et 2 séries de deux vers : ce sont des copies légèrement modifiées des vignettes dessinées par Cochin pour l'éd. 1743, 2 vol. in-12.

Les Troqueurs — 140 H sur 190 L : Sous une tonnelle, autour d'une table, on voit à D un scribe et deux hommes : à G, se trouvent les deux femmes debout : l'une d'elles tient la bride d'un âne.

Tout autant qu'à la Cour. . . . . .　　　Troquer de femme. . . . .
. . . . .l'art et de l'esprit.　　　. . . . .des mets réveille l'appétit.

Le Faiseur d'oreilles et le Raccommodeur de moules — 137 H sur 183 L : Guillaume pousse sa femme au bord du lit placé au M debout : André à G derrière le rideau du lit.

Ah! monsieur le faiseur. . . . . . .　　　De la moitié par Guillaume. . . . .
. . . . . . .vous rendre la pareille!　　　. . . . . .moule sera réparé.

Le Faucon — 137 H sur 192 L : Le galant assis auprès d'une table de profil à D baise la main de la Belle qui se lève, placée de l'autre côté de la table. A G une servante de dos contre la cheminée.

Pour régaler l'objet. . . . .　　　Et ta Belle enfin. . . . .
. . . . .tu fais perdre le jour.　　　. . . . . . . .cœur et ta conscience.

1740 ?

1743-45

1750 ?

1750

1750 ? S D — **Le Villageois ‖ qui cherche son veau**, gravé par Dupin, d'après Bonnart : Dans une forêt un rocher, au centre ; à G un ruisseau et à D une clairière dans laquelle on voit un veau : assis au pied du rocher un jeune seigneur contemple à sa G une dame assez décolletée. D'un arbre touffu qui s'élève derrière le rocher, un villageois les interpelle.

161 H sur 211 L : sign. en bas à G, Bonnart del : à D, Dupin, sculp.

Le titre ci-dessus est placé entre deux séries de vers suivies d'une adresse.

Villageois indiscret,. . . . .   Et tu prives Damon de. . . . . . .
. . . . un tendre mystère.   . . . . la valeur du veau d'or.

/Paris, chez Dupin, rue Saint-Jacques, au coin de la rue des Mathurins, à la ville d'Anvers.

1750 ? S D — **Le Faucon**, gravé par Dupin, d'après Humblot : Auprès d'une table servie Frédéric de profil à D baise la main d'une dame debout de face qui semble se retirer vers la porte ouverte à D. La servante au fond de face enlève un plat de la table.

180 H sur 242 L sans TC : sign. à G, Humblot del : à D, Dupin, sculp.: Le titre est placé entre un texte de 2 séries de 2 vers.

Frédéric, ton faucon . . . .   Et dès que. . . . .
. . . . qu'il eût de la vie.   . . . . de tes amours.

En dessous du titre on lit l'adresse : /Paris, chès Charpentier, rue Saint-Jacques, au Coq — A. P. D. R.

1750 ? S D — **Les Remois — Le Magnifique** — 2 feuilles de paravent en couleur de 750 m/m H sur 550 L. — à Paris, chez Charpentier.

Les sujets sont entourés d'un cadre formé d'ornements rocaille qui présente en bas un cartouche sur lequel on lit le titre et le texte.

La planche comprend également une adresse : A Paris, chès Charpentier, rue Saint-Jacques, au Coq.

Pour *le Magnifique* cette adresse est placée dans le cartouche après le texte. Pour *les Rémois* l'adresse est en dehors de la planche.

On trouve également des feuilles analogues avec l'adresse de Crepy et celle de Daumont; mais elles ne portent aucun titre et bien que le sujet y prête, on ne saurait faire que des adaptations.

1755 ? S D — 9 ESTAMPES ANONYMES dont quelques-unes imitations des Larmessin et de Cochin.

Ces petites estampes en hauteur sont sans sign. et bordées d'un TC ; elles portent en bas un titre en écriture courante, sauf les deux dernières, dont le titre est en majuscules carrées : Ces deux dernières pièces sont également de dimension différente.

Le Mari cocu batue contant — 128 H sur 91 L : Le mari de face, habillé en femme et relevant sa robe, s'enfuit vers la G, poursuivi et saisi par un personnage armé d'un bâton.

Le Savetier — 128 H sur 92 L — imitation de Larmessin.   **1755 ?**

Le Mangeur d'ail — 128 H sur 91 L : Le seigneur de profil à D ordonne à des laquais, placés de face, au 2ᵉ plan, de bâtonner le paysan qui est à ses genoux, devant lui.

La Servante justifier — Imitation de Cochin, 1743 — 128 H sur 92 L.

Les Trois Commer — 129 H sur 92 L — Imitation de Larmessin.

L'on ne savise jamais de tous — Imitation de Cochin, 1743 — 128 H sur 91 L.

Le Gascon puni — 128 H sur 92 L : La femme sort du lit soutenue par une seconde femme, abandonnant le Gascon, surpris et furieux.

Les Remois — 131 H sur 103 L — Imitation de Larmessin.

La Mandragore — 130 H sur 111 L — Copie de Larmessin.

----

1 frontispice et 25 vignettes hors texte, non sign. — Compositions originales pour les 3 premières planches imitations de Cochin pour les autres — Amsterdam, 2 vol. in-12. — Voir page 25.   **1755**

S D — **Le Mari confesseur** — Gravure à la manière noire et rehaussée de couleur, par Schenck — 239 H sur 185 L environ. La femme de 3/4 à D, tête de face, est à genoux à côté d'un moine assis dans une stalle : il a les mains croisées sur un livre et tourne la tête vers la femme.   **1760 ?**

Le titre, le Mari || confesseur || est écrit au milieu de la planche en bas, entre deux séries de deux vers en hollandais. Plus bas à G on lit : Schenck Fee : et Exc : cum Privil : Orde : Hollan et West Frisiæ.

1 frontispice et 23 vign. hors texte — 3 vol. in-12, Amsterdam — Aux dépens de la Compagnie. Nouveau tirage de 1755. — Voir page 26.   **1762**

SUITE D'EISEN — *Édition des Fermiers Généraux* — 1 portrait de La Fontaine, 1 portrait d'Eisen, 80 vignettes — 6 fleurons et en tête de pages et 51 culs de lampe de Choffard. — Voir page 29.   **1762**

S D — 4 vignettes dessinées par Eisen, pouvant être ajoutées à la suite des Fermiers généraux — Elles sont d'un format plus petit. — A Paris, chez Basan. — Voir page 47.   **1762 ?**

3 vignettes dessinées par Eisen, provenant sans doute de refusées des Fermiers généraux. — A Paris, chez Basan. — Voir page 48.   **1762 ?**

1762 ?   8 planches dessinées par Eisen et gravées par Daumont — Reproductions grandies de vignettes des *Fermiers généraux*. — Voir page 49.

1764   *1re contrefaçon des Fermiers Généraux* — 1 portrait gravé par Macret ou Savart, 6 fleurons et en tête de pages, 61 culs de lampe et 80 vignettes gravées par Boily et divers. — Voir page 50.

1767   *2e contrefaçon des Fermiers Généraux* — 1 portrait, 1 frontispice en tête du 2e volume, 80 vignettes. — Voir page 52.

1767 ?   S D — **On ne s'avise jamais de tout.** — **Les Deux amis** — Médaillons ronds de 50 m/m de diamètre dont la gravure est attribuée à Choffard : réduction retournée des vignettes d'Eisen pour *les Fermiers généraux*.

1767 ?   **Le Rossignol** gravé par B. Picart : Les deux amants sur un lit presque de face ; la jeune fille tient à la main un rossignol : le père et la mère sont au 2e plan à D. Au fond à D une 1/2 porte-fenêtre donnant sur un jardin.

Dimension totale : 123 H sur 70 L — bordée d'un TC doublé d'un filet formant un cadre qui enveloppe également, dans la partie inférieure de la planche, une tablette de 6 m/m H sur laquelle on lit : *Le Rossignol :* en H à D, numéro 13.

Sign. : à la p. en B à G, B. Picart f.

1768   **Le Cuvier** — in-8°, gravé par Thérèse Martinet : Dans un atelier de tonnelier un galant, de 3/4 à G, baise la main d'une femme placée de 3/4 à D contre un cuvier, tandis que celle-ci tend la main à son mari qui se trouve assis de face dans le cuvier.

In-8° de 161 H sur 99 L, bordé d'un TC doublé d'un filet, portant au-dessus du filet en H à D. Pag. 47 — Sign. à la pointe à G... (illisible) à D, Thérèse Martinet : On lit en dessous le texte suivant :

        Et de sa maîtresse à l'instant
        Il baise la main tendrement.
                Chez Martinet.

1770 ?   S D — **Le Cuvier.** — *Dessin anonyme à la sanguine, ayant été gravé :* Il a la forme d'un écran et le dos est couvert de sanguine.

Dimension : 105 H sur 190 L : Une cour avec pile de tonneaux au fond : à D le tonnelier 3/4 à D, un bougeoir à la main, est assis dans le cuvier qu'il répare : le galant profil à D embrasse la femme profil à G adossée contre le cuvier. En H à G on voit dans un ovale le dessin d'un amour qui a également été gravé.

1772   1 frontispice et 23 vign. hors texte — Amsterdam, 3 vol. in-12 — Nouveau tirage de 1762. — Voir page 26.

1775   **Les Remois** — in-8° gravé par Lingée, d'après Cochin : Un homme et une femme sont assis aux deux extrémités d'une table servie, éclairés par deux flambeaux. Cette table est placée au milieu d'une pièce très élevée, et au deuxième plan se trouvent deux corps de logis très bas reliés par une porte à fronton sculpté; par des panneaux ouverts laissant voir l'intérieur de ces corps de logis, on voit à G deux hommes et D deux femmes qui regardent attentivement ce qui se passe autour de la table.

Planche de 115 H sur 95 L — bordée d'un TC et signée à la pointe en bas à G, C. N. Cochin, del — au M, 1775 — à D, C. L. Lingée, sculp.

1775

La Matrone d'Ephèse — in-8° gravé par Duflos jeune, d'après Moreau. Pièce tirée de: *Les deux Matrones*, de Feron. — Paris, 1 vol. in-8°, 1776.

1776

A l'entrée d'un mausolée placé à G, une femme et un militaire portent le cadavre d'un homme dont la veuve au deuxième plan, de face, soutient le bras — A D au fond, une potence.

Planche de 127 H sur 85 L entourée d'un cadre ayant un fronton dans la partie supérieure et un étroit soubassement dans la partie inférieure.

Sign. au pointillé à G, J. M. Moreau jeune, inv. — au M, 1776 — à D, P. Duflos jeune, sculpt. — Plus bas on lit : Se vend 15 *bis*, chez Buchet libraire à Nismes.

La même pièce avant l'adresse.
— eau-forte avant toutes lettres.

1 frontispice et 69 fleurons en tête de page dessinés par Cochin. — A Amsterdam, 2 vol. in-12. — Réimpression des vign. de 1743. — Voir page 23.

1776

3° *Contrefaçon des Fermiers généraux*. — 2 titres signés Vidal — 4 fleurons et en tête de pages — 1 portrait, 80 vignettes, copies des planches de l'éd. des *Fermiers généraux*. — Voir page 63.

1777

5 VIGNETTES petit in-4° avec cadre, gravées par F. Chevery d'après Monnet.

1778

Ces vignettes, de 171 environ de H sur 121 L, sont entourées d'un cadre qui mesure 13 m/m en H et sur les côtés, et 22 en bas ; cette partie inférieure du cadre contient un titre écrit en larges lettres doubles, titre qui est la paraphrase du sujet.

En dehors de ce cadre on a la signature du dessinateur et celle du graveur datée, l'adresse de l'éditeur et le n° du conte de La Fontaine.

On trouve quelques états différents.

Joconde . . . .

La Récompense inattendue (Joconde, la bague) — Signé à G Monnet del — à D, F. Chevery sculp ǁ 1777 ǁ à 2 m/m du cadre : à Paris, chez l'Auteur, rue du Four Saint Honoré, vis à vis M. Armet Not°.

A G à 8 m/m du cadre — la F°° C. 1°°.

La même en couleur.

La même à la manière noire : les seins de la femme sont cachés.

1778   **Le Vieillard Délaissé** (le Calendrier de vieillards). — Mêmes signatures.

Adresse : à Paris, chez Crepy, rue Saint-Jacques, à l'Image St Pierre.
A G à 7 m/m du cadre — La F^{ce} C. 8e Tom. 1er.

La Vertu surprise (Richard Minutolo). — Mêmes signatures et adresse que ci-dessus.

A G, à 7 m/m du cadre — La F^{ce} C. 2. Tom 2.

Les Remois. . . . .

La même à l'état d'eau-forte pure.

1778   **Le Villageois entreprenant** (la Cruche cassée). — Gravé par Germain et Patas, d'après une gouache de L. Moreau. — Estampe de 126 H sur 178 L, bordée d'un TC. — Au bas de la planche on lit : A G, L. Moreau l'aîné. Puis, à D, Germain Aq. Patas, sculp. Au milieu, à 2 m/m du TC, se trouve un écusson ovale de 28 m/m H, avec armes, et de chaque côté de l'écusson le texte suivant :

<table>
<tr><td>Le Villageois</td><td>entreprenant</td></tr>
<tr><td>A Monsieur le</td><td>Chevalier de Launay,</td></tr>
<tr><td>Officier-major des</td><td>Gardes Françaises et</td></tr>
<tr><td>Chevalier de l'Ordre Royal</td><td>et Militaire de Saint-Louis,</td></tr>
<tr><td>D'après le tableau original de même grandeur</td><td>peint à Gouache, appartenant à Sr Tardieu</td></tr>
</table>

Par son très humble Serviteur Tardieu.

L'adresse est placée à 37 m/m du TC. — Se vend à Paris, chez Alia met, graveur du Roy, rue des Mathurins, et chez Tardieu, rue Coupeaux, près celle Neuve Saint Etienne.

États : 1° Avec la lettre : celui décrit.

     2° Avant la lettre — sans texte : l'écusson seul visible. — Signé à G, L. Moreau pinx ; à D, comme ci-dessus.

     3° Eau-forte avancée — avant l'écusson. — Sign. comme ci-dessus.

     4° Eau-forte   •   •   Sign. à la p. à G L. Moreau ; à D, Germain, S. 1778.

     5° Tirage postérieur avec mêmes sign., même titre, mais sans écusson et avec adresse et texte différents. — Après le titre on lit : ‖ Gravé d'Apres le Tableau Point par L. Moreau l'aîné. ‖ A Paris, chez Demouchy, graveur, Cloître Saint-Benoît, la 1re porte cochère à gauche, par la rue des Mathurins.

Le Journal de Paris de 1778, n° 184, p. 735, nous fait connaître que cette pièce se vendait, avec son pendant (*On y court plus d'un danger*), 2 l. 8 sols.

S D — **Promettre est un...**, etc., d'après Eisen : Estampe à l'eau forte **1778 ?**
pure bordée d'un TC de 231 H sur 208 L, sans titre ni signat.
Copie identique retournée de la planche des Fermiers généraux.

1 portrait — 1 frontispice-portrait — 85 vignettes d'après Eisen **1778 ?**
et 2 compositions nouvelles : Contrefaçon des planches des Fermiers généraux publiée en 1777; certaines vign. sont signées Martinet — Voir page 51.

SUITE DE DUPLESSI-BERTAUX. — 1 portrait et 65 vign. en **1778**
tête de page tirés des deux premiers vol. des meilleurs contes en vers
(4 vol. in-12.) — Voir page 61.

1 frontispice et 23 vignettes. — Réimpression des vignettes de 1755-1762 **1779**
et 1772. — Voir page 96.

SUITE DE DESRAIS — 1 portrait et 24 vignettes in-12 dessinées par **1780**
Desrais et gravées par Aveline, Deny, Delvaux, Maillet, Mᵐ Lingée, Groux.
— Voir page 67.

S D — 4 ESTAMPES en couleur, de J.-B. Huet, gravées par Bonnet. **1780 ?**
Ces 4 pièces mesurent environ 220 H sur 160 L au TC qui est doublé
d'un large filet de 1 m/m d'épaisseur espacé et formant cadre.
Comme lettre nous avons : en H à D un numéro d'ordre : en B les
signatures : à G, J. B. Huet : à D, Bonnet direxit.
Le titre est assez souvent suivi des mots : *Conte de La Fontaine* et
est accompagné d'un texte d'une ou deux lignes.
Enfin l'adresse : *A Paris, chez Bonnet, rue Saint-Jacques, au coin de
celle de la Parcheminerie.*
Ces estampes sont :

La Servante justifiée. . . . . .

Joconde, conte de La Fontaine, numéro en H. à D.
Signatures et adresse comme ci-dessus.
Cent conquérant voudraient avoir ta place et tu sembles la méprise.

Le Faucon — en H à D nᵒ 307 — sans sign. en bas.
Le pauvre amant pris sa main, la baisa,
Et de ses pleurs quelque tems l'arosa.
Adresse ci-dessus avec : *au coin de la rue* au lieu de *de celle.*

Les Rhemois. . . . . .

S D — **La Fiancée du roi de Garbe** — *sans sign.* — genre Desrais : **1780 ?**
En tête de page de 66 H sur 92 L, bordé d'un TC doublé d'un filet :
Auprès d'un bassin sur lequel nagent deux cygnes, au pied d'une statue

1780 ? de l'Amour qu'ombrage un arbre touffu, un musulman de profil à G serre dans ses bras une femme assise de profil à D.

1780 ? S D — **Mazet de Lamporechio** — *anonyme*. — Médaillon ovale, en couleur, gravé au pointillé, sans signature — 99 H sur 119 L, bordé d'un T doublé d'un filet formant cadre : Mazet étendu au pied d'un arbre et dormant de D à G, auprès d'objets de jardinage : au deuxième plan à G, deux nonnes le regardent.

1780 ? S D — **Le Frère Luce** — gravé par Elluin, d'après Subleiras — Le moine à genoux de profil à G tourne la tête vers le groupe des deux femmes à D ; la mère de face semble présenter sa fille de profil à G.

   207 H sur 229 L — sans cadre — sign. à G, Subleiras pinx — à D, Elluin, sculp. Le titre est placé à 1 m/m de la gravure. On lit en suite : *Le tableau est au Cabinet de M. Danury, Chevalier ‖ de l'Ordre Royal militaire de Saint-Louis. ‖ A Paris, chez Beauvarlet, rue Saint-Jacques, vis à vis celle des Mathurins.*

   La même avec l'adresse : A Paris, chez Berthet, rue Charretière, nº 9, près la place de Cambrai.

   Comme curiosité, je signalerai la même planche regravée — 278 sur 229 L qui porte comme titre : *Saint Antoine*, et un texte de 3 lignes, biographie du Saint.

   Cette nouvelle planche est bordée d'un TC et entourée d'un cadre formé de 2 filets. Entre le cadre et le TC on lit : à G, à Paris, chez Berthet, rue Charretière, nº 9 — à D, Elluin, sculp. On a ajouté au coin à D le profil d'un cochon en partie coupé par le cadre.

1782 5 VIGNETTES in-12 anonymes tirées d'une suite de 1 frontispice et 16 vignettes destinées à illustrer *les ‖ Plaisirs ‖ de l'Amour ‖ ou ‖ Recueil ‖ de Contes, Histoires et ‖ Poèmes galants. ‖ Chez ‖ Appollon ‖ au Mont Parnasse ‖ 1782. ‖* 3 tomes reliés en 1 vol. in-12, avec table commune à la fin du 3e tome.

   Ces vignettes, bordées d'un simple TC, sont sans sign. et mesurent environ 88 H sur 54 L : le titre écrit à la pointe en lettres courantes est placé à 3 m/m du TC.

Le Paysan et son Seigneur, p. 189. T. 1er.

Joconde, p. 39. T. 2e.

La Fiancée du roi de Garbe (la cassette), p. 83. T. 3e.

Le Petit chien, p. 117. T. 3e.

Le Savetier, p. 139. T. 3e.

Les Oyes de Frère Philippe — Estampe à la manière noire, gravée
par Tho. Watson d'après Bunbury.

Médaillon rond de environ 207 de diamètre, bordé d'un double filet formant cadre. Il représente deux femmes auprès d'un arbre, à G, jouant de la mandoline : au 2e plan, Philippe passant de G à D entraîne son fils avec lui — Au fond à D un château-fort.

L'estampe est signée en dehors du cadre et en en suivant le contour, à G, H Bunbury, Esq. delin¹ — à D, Engrav'd by Tho. Watson.

Au bas de la planche se trouvent six vers de texte, en français et en anglais, séparés par un tiret : Enfin, à 58 m/m du cadre, en bas, on lit : London, Publish'd Oct⁺ 3ᵈ 1782, by T. Watson, nᵒ 33, Strand.

1782

La Servante justifiée — Gravée par Gaucher d'après Cochin — Vignette de 92 H sur 57 L, bordée d'un TC doublé d'un filet : Dans un jardin, auprès d'une maison placée à D, et à la fenêtre de laquelle se trouve une femme, un galant presse dans ses bras une soubrette et l'embrasse — Entre ce groupe et la maison on voit, sur un nuage, un amour ailé un flambeau à la main.

Signé à la pointe, à G, C. N. Cochin, Exc. del.; à D, C. S. Gaucher, inv. 1782.

1782

S D — **Le Cuvier** — Pièce hollandaise sans sign. : 81 H sur 100 L, bordée d'un TC. En dessous on lit en caractères français : — De Kuyper, Zangspel. || XIIIᵈᵉ Tooneel.

Dans un atelier de tonnelier, le mari, de profil à D, est accroupi dans le cuvier : le galant de profil à G, embrasse la femme de profil à D, appuyée contre le cuvier.

1782 ?

The Hermit — Estampe in-Fᵒ gravée par Dickinson d'après Emma Crewe.
— Sur un fond d'arbres touffus, à G d'une cabane rustique, deux femmes debout, de face, placées presque l'une derrière l'autre ; à D, par la porte de la cabane, on voit le moine lisant ses prières.

Pièce anglaise gravée au pointillé, tirage bistre — 277 H sur 216 L, bordée d'un TC et entourée d'un filet formant cadre, placé à 4 m/m du TC En dessous du cadre on lit : à G, Emma Crewe Delin¹ — à D, W. Dickinson Excudit.

Le titre anglais, écrit sur deux lignes, est placé entre deux séries de vers formant texte. L'adresse de *Naudet, marchand d'estampes au Louvre, 1790,* est inscrite à la main au verso de l'estampe.

1790

Le Roi Caudaule — Gravée par Mixelle : Cette estampe, en couleur bistrée, a une dimension totale de 172 H sur 131 L au TC. Elle se trouve divisée en 2 parties : la partie supérieure comprend le sujet même de la gravure, bordé d'un TC et mesure 125 H : la partie inférieure, qui a 43 m/m de H, se compose d'un cartouche en relief reposant sur un fond

1790

1790   rectangulaire gravé : l'ensemble est entouré d'un filet formant cadre et passant entre les deux parties de la gravure.

En H de la planche à D est écrit Page 26. En E on lit au M en dehors du cadre, A. P. D. R. : à D. Mixelle sculp.

Enfin, sur le cartouche, on a le titre suivant : Caudaule, roi de Lydie || expose indiscrètement sa femme sans vêtement aux yeux de Gyges || Année 720 avant l'Ère vulgaire.

1790 ?   SD — **Le Frère Luce** — Sans titre ni signature : Dessiné à la plume par Auvrest, membre de la Société libre d'Instruction, Vérification d'Écriture, Arts et Belles-Lettres de Paris.

Copie à la plume de la planche de Subleiras, sans les fonds : les vêtements du moine et de la jeune fille sont composés de pleins et déliés à la plume : Quelques fleurs sur la robe de la jeune fille.

1790 ?   SD — **Le Frère Luce** — Gravé par Bart d'après Subleiras. — Les fonds sont la copie de la planche de Subleiras, quant aux personnages, les vêtements du moine et de la jeune fille sont dessinés à la plume par pleins et déliés et doivent être la copie du dessin d'Auvrest.

Sign. en bas à D. Fait par N. Bart Mtre d'Écrit. De chaque côté d'un écusson avec armes on lit :

Le frère — Luce. || Dédié à Monseigneur — le Prince || Guillaume — Auguste || d'Holstein — Gottorp. || par son très humble et || très obéissant serviteur Bart.

A Berne, chez l'Auteur.

1790   2 vignettes imitées de Desrais — Londres, 2 vol. in 12. — Voir page 70.

1791   4e contrefaçon des *Fermiers généraux* — 1 portrait et 80 vignettes in 8° — Nouveau tirage de 1777. — Voir page 56.

1792   Vignettes de l'édition des *Fermiers généraux* — par Plassan. — Voir page 58.

1792   Vignettes de l'édition des *Fermiers généraux* — par Chalon. — Voir page 59.

1795   SUITE DE FRAGONARD — Cette suite n'a pas été terminée. — On rencontre régulièrement 20 planches en 3 états (avec lettres, avant lettres, eaux-fortes), mais on peut trouver 18 planches supplémentaires. — V. p. 72.

Nota. — Je crois devoir signaler ici une pièce assez curieuse, dont la description a été oubliée dans la première partie de cet ouvrage, page 75.

Le Mari confesseur : L'eau-forte pure est rehaussée à la plume et à la sépia. — Les ombres sont indiquées, ainsi que les ornements secondaires des étoffes pour les rideaux, les sièges et les vêtements des personnages :

C'est sûrement un travail du graveur; mais la finesse d'exécution fait croire à la main de Fragonard lui-même.

S D. — PIÈCES attribuées à Saint-Non, d'après Fragonard, et pouvant être réunies à la suite in-4° de 1795.

On rencontre certaines pièces gravées à l'eau-forte, complétées de l'avis et attribuées à tort à Saint-Non, ce graveur étant mort en 1791. — Ces pièces, très rares, de même dimension que les estampes de l'édition in-4°, Didot, 1795, sont bordées d'un TC : elles n'ont ni sign. ni texte.

Je ne connais que le **Mari battu et content** et **Joconde** (le lit).

S D — SUITE DE CAQUET, d'après Fragonard. — 6 estampes d'après Fragonard, pouvant être réunies à la suite précédente.

Ces 6 estampes, dont une seule (Le Contrat, n° 4) est signée J.-G. Caquet, ont été gravées d'après les dessins de Fragonard : elles ont à peu près la même taille que la suite ordinaire : chaque planche est entourée d'un cadre de 11 à 12 q 0 d'épaisseur, à bordure extérieure moulurée, et porte le titre du conte, placé à 4 ou 6 m m du cadre.

1° **Le Bât** — H 201 H sur 142 L. — Sans sign. ; titre à 6 m/m du cadre : La femme debout de face, en partie cachée par le peintre que l'on voit de dos, assis sur un tabouret.

2° **Le Fleuve Scamandre** — 201 H sur 140 L. — Cadre de 11 m/m — Sans sign. — Titre à 4 m/m du cadre : Dans une grotte, au milieu de rochers, le fleuve Scamandre, de profil à D, s'avance auprès d'une femme et l'entoure de ses bras.

3° **La Confidente sans le savoir** — 203 H sur 142 L. — Le cadre à 12 m/m — Sans sign. — Titre à 4 m m du cadre : Dans une chambre avec porte vitrée au fond, donnant sur un jardin, une femme, 3/4 à D, s'avance auprès d'une table : une seconde femme est assise dans un fauteuil, de profil à G, de l'autre côté de la table.

4° **Le Contrat** — 199 H sur 141 L. — Cadre 11 m/m — Sign. en B, à D, J.-G. Caquet sculp — Titre à 4 m/m du cadre : Un homme assis devant un pupitre corps de profil à D, se tourne et serre contre lui une femme de profil à D : au premier plan une fillette de profil à D lit dans un livre placé sur le pupitre.

5° **Le Faiseur d'oreilles**, etc... — 201 H sur 140 L. — Cadre 11 m/m — Sans sig. — Titre à 4 m m du cadre : Une chambre avec grands rideaux tombant de chaque côté d'une fenêtre placée de face. A G une femme de 3/4 à D, appuyée contre le dossier d'une chaise, essuie les larmes qui coulent de ses yeux. A D, de profil à G, un homme, la main sur la garde de son épée, menace la femme.

1795 ?   6º **Le Qui-pro-quo** — 193 H sur 112 L — Cadre 12 m/m — Sans signature. — Titre à 1 m/m du cadre.

SUITE DITE DE COINY ou DE DUPLESSI-BERTAUX. — 24 pièces in-12. — Je prends ici le nom adopté par Brunet.

Cette suite de vignettes était destinée à illustrer l'édit. de 1795, signalée plus haut, page 85 , et devait faire suite aux fables de La Fontaine gravées par Simon et Coiny, fables dont Didot l'aîné venait de publier une réédition. Elle a été interrompue, dit Brunet, parce que les compositions étaient « trop inférieures ».

Je n'ai pas à discuter cette opinion : je laisse l'amateur comparer la suite qui nous occupe avec celle que nous donne, en 1814, le dessin de Desenne qui, dit Brunet « cadre mieux avec le reste de la collection ». Ces vignettes devaient être au nombre de 34 ; je n'ai pu contrôler ce chiffre.

Dans les 24 pièces que l'on rencontre 17 contes seulement ont été traités et parmi eux *Joconde* à 1 fig.; *la Gageure des trois Commères*, 5 p.; *la Fiancée du roi de Garbe*, 1 vignette seule est gravée sur 4 dessins exécutés.

Je tiens à faire cette réserve pour appeler l'attention des amateurs sur des pièces qu'ils possèdent peut-être et qui pourraient faire partie de cette suite *abandonnée*.

24 pièces existent seulement, et encore ne les trouve-t-on pas toutes en tirage de l'époque ; on les rencontre (23 seulement) à l'eau-forte pure ou en tirage postérieur (Leclerc fils, 1850), faciles à reconnaître : ce tirage est plus pâle, plus mou, et souvent le dessin est modifié dans les détails. J'indiquerai plus loin ces différences sous la rubrique : *Tirage Leclerc*.

En tirage de l'époque on a huit pièces avec la lettre ; une douzaine avant la lettre : les eaux-fortes sont complètes.

Ces vignettes, ou plutôt les vignettes terminées ont été publiées dans des couvertures bleues de 191 H sur 145 L. Cette couverture présente au au centre, dans un cartouche rectangulaire, bordé d'un double filet, et mesurant au 2e filet 81 H sur 50 L, le titre suivant : Contes || de || La Fontaine... Livraison. || Prix 3 liv. 12 sols. || Au-dessous de ce titre se trouve un amour armé de baguettes et frappant sur une espèce de tambour.

Deux livraisons seules ont paru : elles contenaient 4 vignettes chacune.

Ces vignettes en général, bordées d'un simple TC, mesurent environ 81 à 82 H sur 48 à 50 L ; 5 pièces de *la Gageure des trois Commères* sont bordées d'un double filet, le 2e filet disparaît dans le tirage Leclerc.

Dans les avec lettre nous avons :

1º En H au M, le titre du conte en lettres carrées, et à D un numéro d'ordre (Nº...).

2º En bas, à 2 m/m environ du TC, un texte de deux lignes écrites en caractères d'imprimerie.

Aucune signature.

A ce sujet je dois faire observer que les dessins que j'ai eu sous les yeux étaient attribués à Monnet et à Sergent. Quant aux graveurs, Brunet parle de Colny et Duplessi-Bertaux. Sans mettre en doute la parole de Brunet, je dois signaler que, dans une livraison que nous avons eu entre les mains se trouvaient, avec quatre pièces avec lettres, deux notes écrites au crayon contenant chacune une adresse de graveur et le modèle de la dimension que devaient avoir les planches; ces deux notes sont libellées comme suit :

1° Pour *le Poirier* : || C. Mougin (?) rue de || Seve vis à vis les || Incurables chez || un Limonadier. ||

2° Le Citoyen boilly rue || de Legout. || pour le 4° tableau de || *Joconde.* ||

DÉTAIL DES PLANCHES

Joconde (la Surprise) — en H : *Joconde* — N° 1 — 82 H sur 59 L.
    En bas : Tous deux dormaient ; dans cet abord Joconde
        Voulut les envoyer dormir en l'autre monde.
Avec lettre celui décrit sans sign.
Avant lettre sans texte et sans sign.
Eau-forte sans sign.
Tirage Leclerc — sans texte et sans sign. Planche modifiée dans la porte à G; elle est sans rayonnement.

Joconde (scène du fou) — en H : *Joconde* — N° 2 — 81 H sur 59 L.
    En bas : Ce bel Adon était le Nain du Roi
        Et son amante était la Reine.
Avec lettre : celui décrit, sign. à D en bas A. S.
Avant lettre : sans texte en H, à D à la p. N° 2 : en bas à D, A S.
Eau-forte.
Tirage Leclerc avt toutes lettres.

Joconde (le Départ) — en H : *Joconde* — N° 3 — 83 H sur 49 L.
    En bas : Leur bagage étant prêt, et le livre surtout.
        Nos galants se mettent en voye.
Avec lettre : celui décrit sans sign.
Avant lettre : sans texte, sans sign.
Eau-forte : sans texte, sans sign.
Tirage Leclerc avt toutes lettres : le ciel modifié.

Joconde (la Récompense) — en H ; *Joconde* — N° 4 — 81 H 49 J
    En bas : Ils en rirent tous deux; l'anneau lui fut donné
        Et maint bel écu couronné.
Avec lettre : celui décrit sans sign.
Avant lettre : sans texte, sans sign.
Eau-forte : sans texte, sans sign.
Tirage Leclerc avant toutes lettres, sans diff. bien sensibles.

1795 ?   **Le Cocu battu et content** — en H : *Le Cocu battu et content* — N° 5 — S] H sur 70 L.

> En bas : À ton mari tu brassais un tel tour ?
>> Est-ce le fruit de son parfait amour ?

Avec lettre : celui décrit sans sign.

Avant lettre : sans texte, sans sign.

Eau-forte : sans texte, sans sign.

Tirage Leclere avant toutes lettres sans diff. sensibles.

Le Mari confesseur — en H : *Le Mari confesseur* — N° 6 — 8° H sur 49 L.

> En bas : . . . . ah ! dit-il, infidèle !
>> Un prêtre même ! à qui crois tu parler?

Avec lettre : celui décrit sans sign.

Avant lettre : sans texte, sans sign.

Eau-forte : sans texte, sans sign.

Tirage Leclere avant toutes lettres. La femme est vêtue différemment et un voile remplace le chapeau qui figure sur la planche originale.

Le Savetier — ni avec lettre ni avant lettre.

Eau-forte : sans texte ni sign. — S] H sur 49 L.

Tirage Leclere avant toutes lettres. La femme a un foulard sur la tête au lieu du chapeau qui figure sur la planche originale.

Le Paysan qui a offensé son Seigneur — ni avec let. ni avant lettre.

Eau-forte sans sign. 79 H sur 48 1/2 L.

Tirage Leclere avant toutes lettres, sans diff. sensibles.

Nota. — Le dessin sans sign. retourné est à la sépia et mine de plomb.

Le Muletier — ni avec lettre ni avant lettre.

Eau-forte sans sign. S] H sur 49 L.

Tirage Leclere avant toutes lettres, sans diff. sensibles.

La Servante justifiée — ni avec lettre ni avant lettre.

Eau-forte : sans sign. — S] H sur 49 L.

Tirage Leclere avant toutes lettres, sans diff. sensibles

La Gageure des trois Commères (la Servante) — en H : *La Gageure des trois Commeres* — N° 11 — S] H sur 49 au TC.

> En bas : Mais je suis bonne, et ne veux point d'éclat ;
>> Puis je rendrai de vous un très bon compte.

Avec lettre : celui décrit, bordé d'un TC donné d'un filet, sans sign.

Avant lettre : sans texte, sans sign.

Avant lettre : *État* sans texte, sans sign., sans filet, avant le parquet.

Eau-forte : sans texte, sans sign., sans filet.

Tirage Leclere avant toutes lettres, sans filet, sans diff. sensibles.

La Gageure, etc. (le Poirier, le galant sur l'arbre) — pas d'ép. avec lettre — 81 H sur 50 L.

Avant lettre : sans sign. et avec TC et filet.

Eau-forte avancée, sans sign. et filet moins épais.

Eau-forte pure, sans sign., sans filet.

Nota. — Dessin retourné, plume et sépia avec TC et filet.

Tirage Leclere avant toutes lettres sans filet. Le costume de la femme est modifié et elle ne porte pas de chapeau.

La Gageure, etc. (le Poirier, le mari sur l'arbre) — en II : *la Gageure des trois Commères* — N° 12 — 80 H sur 52 L.

En bas : L'Epoux remonte, et Guillot recommence,
Pour cette fois le mari vois la danse.

Avec lettre : celui décrit sans sign., bordé d'un TC et filet.

Avant lettre : sans texte, sans sign., bordé d'un TC et filet.

Eau-forte : un TC seul.

Nota. — Dessin retourné, plume et sépia, sans sign.

Pas de *tirage Leclere.*

La Gageure, etc. (Le fil, le lit) — Je ne possède qu'un *tirage Leclere* — 76 H sur 48 L. — Sans sig. ni texte.

La Gageure, etc. (Le fil, le mari armé) — Pas d'avec lettre — 8? H sur 51 L.

Avant lettre sans sig., bordée d'un TC avec filet.

Eau-forte   .   .   .

Tirage Leclere avant toutes lettres, sans filet : le mari ne porte plus d'épée.

La Fiancée du roi de Garbe (l'attaque) — Je n'ai qu'un *tirage Leclere* — 80 H sur 51 L. — Sans sig. ni texte.

Nota. — Le dessin retourné à la sépia est sans signature ; 3 autres dessins existent pour le même conte : Scène de la grotte, scène du pavillon, scène du forban, sans signature également.

La Coupe enchantée — Pas d'avec lettre ni d'avant lettre — 81 H sur 49 L.

Eau-forte sans sig.

Tirage Leclere avant toutes lettres.

Nota. — Le dessin retourné à la sépia, sans signature.

Le Petit Chien qui secoue des pierreries — Pas d'avec lettre ni d'avant lettre — 80 H sur 49 L.

Eau-forte sans sig.

Tirage Leclere avant toutes lettres, sans sig.

Nota. — Le dessin retourné est à la sépia.

1795 ?   **On ne s'avise jamais de tout** — Pas d'avec lettre ni d'avant lettre — 82 H sur 59 L.
Eau-forte sans sig.
Tirage Leclerc avant toutes lettres, sans sig.

A Femme avare Galant escroc — Pas d'avec lettre ni d'avant lettre.
Eau-forte sans sig. — 80 H sur 47 L.
Tirage Leclerc avant toutes lettres.

Le Magnifique — Pas d'avec lettre ni d'avant lettre.
Eau-forte sans sig. — 81 H sur 49 L.
Tirage Leclerc, 2 états avant toutes lettres.

Le Baiser rendu . . . .
Tirage Leclerc avant toutes lettres — 80 H sur 51 L.

Sœur Jeanne . . . .
Tirage Leclerc avant toutes lettres — 80 H sur 50 L.
Nota. — Le dessin retourné est à la sépia.

Imitation d'Anacréon . . . .
Eau-forte sans sig. — 80 H sur 49 L.
Tirage Leclerc avant toutes lettres.
Nota. — Le dessin retourné est à la sepia, sans signature.

1795 ?   S D — **Le Calendrier des vieillards.** — **Le Baiser rendu.** — Écrans à main à bordure découpée : au centre une gravure à claire-voie présentant à sa partie inférieure un cartouche sur lequel est écrit le titre : cette gravure est entourée d'un cadre formé de rinceaux, fleurs et feuillage : en bas deux têtes d'amour soufflent sur un feu flamboyant.

1795 ?   S D — **La Mandragore** — Dessin anonyme à la sanguine — 230 H sur 189 L. — Sans signat. : Une chambre avec lit à G, bougeoir sur une console et chambranle de porte à D. Une femme étendue de face sur le lit reçoit avec étonnement le galant demi-vêtu, profil à G, qu'un personnage de face lui présente.

1795 ?   S D — **Le Villageois qui cherche son veau** — Dessin anonyme plume, mine de plomb et crayon rouge — 211 H sur 163 L. — bordé d'un filet au crayon : Le groupe est étendu de G à D au pied d'un gros arbre ; au fond à D on voit surgir d'un taillis la tête d'un paysan.

1795 ?   S D — **Le Poirier enchanté** — Dessin anonyme, mine de plomb et sanguine — 201 H sur 172 L. : Le groupe est étendu de G à D au pied du poirier — le mari est perché sur la branche du poirier, profil à D.

Vignettes de l'édition des Fermiers généraux, publiées par Didot jeune. — 2 vol. in-8°. — Voir page 59.

1798

6 PLANCHES — dessinées et gravées à l'eau-forte par Ramberg — 4 de ces pièces sont des médaillons ovales, 2 sont carrées gr. in-folio.

1799-1800

On rencontre, pour les 4 premières de ces estampes, qui ne sont gravées qu'au trait, des épreuves en noir et en couleur coloriées du temps; ces dernières sont assez rares et demandent à être bien examinées.

Ovales en hauteur ou en longueur, elles sont bordées d'un T; quelques unes sont signées; elles ne portent aucun titre.

A la vente Ch. B..., avril 91, on a mis sur table 5 dessins originaux (?) à la plume et encre de Chine en tout semblables aux estampes ordinaires et du même côté.

Le Rossignol — Joconde — la Jument du compère Pierre — le Poirier enchanté — le Villageois qui cherche son veau..

Liste des pièces :

Joconde — médaillon ovale en longueur — bordé d'un T — et signé — 173 H sur 352 L. — Joconde surprend sa femme auprès du fou. Sign. i. G contre le lit. H. Ramberg f.

La Jument du compère Pierre — médaillon ovale en longueur bordé d'un T sans sign. — 175 H sur 352 L.

Le Poirier enchanté — médaillon ovale en hauteur bordé d'un T souv' interrompu et sans sign. — 202 H sur 270 L.

Le Villageois qui cherche son veau — médaillon ovale en hauteur bordé d'un T peu interrompu et sans sign. — 202 H sur 370 L.

Le Rossignol — estampe en longueur bordée d'un TC et signée — 413 H sur 558 L. — signée au-dessus du TC en B vers la G, 1 H Rmbg, invt. delint et fecit, 1799, et plus bas : Hannovreau (?).

Les Lunettes — estampe en longueur bordée d'un TC et signée — 416 H sur 557 L. — Sign. sur le bord d'une marche à G, H. Rmbg, inv' fecit 1800.

Ces estampes ont été réduites et publiées par Lemonnier vers 1880.

<hr>

S D — 6 PIÈCES IN-FOLIO — gravées au pointillé par Lindor de Toulouze, d'après Schall.

1800 ?

Ces pièces, bordées d'un TC, mesurent environ 298 à 300 H sur 235 L.; la pl. toute marge 540 sur 424. Elles ont comme lettres : en bas, contre le TC les sign. à G, peint par Schall — au M, propriété de l'éditeur, enregistré à la Bibliothèque Impériale — à D, gravées par Lindor ou Laindor de Toulouze.

Le titre est placé à 11 m/m du TC; il est suivi d'un texte en prose ou en vers de 2 à 4 lignes, accompagné de l'indication : *Contes de La Fontaine.*

1800 ? Enfin on lit en dernier : A Paris, chez Bonnefoy, rue Saint-André-des Arts, n° 57, en face de celle des Grands-Augustins.

Les sujets traités sont :

La Servante justifiée — texte de 4 vers sur 2 colonnes.

Le Poirier enchanté — texte en prose de 2 lignes.

Le Gascon puni — texte en prose de 1 ligne.

Les Oies de Frère Philippe — texte en prose de 3 lignes.

Le Bât — texte en prose de 2 lignes.

Le Cuvier — sans texte.

On trouve la même suite en cou

1801 1 portrait et 84 figures — soit 85 vignettes numérotées de 1 à 85 réduction des Fermiers généraux. Paris, André, an dix. — Voir page 60.

1801 *Les mêmes* — à Londres, 1801. — Voir page 60.

1801 *Les mêmes* — Paris, Arthus Bertrand, 1813. — Voir page 61.

1801-2 5 ESTAMPES EN NOIR ou EN COULEUR — Copies de 4 pièces de la *suite de Baudet-Larmessin.* — Voir page 186.

Ces pièces, sans sign. à D ou à G, portent au M contre le TC le nom Aug^te Legrand, disposé de différentes manières. Le titre est suivi d'un texte de 11 vers sur 4 colonnes et en-dessous se trouve l'adresse de l'éditeur.

Ces pièces sont :

1. **Le Bât** — sign.: Gravé par August. Le Grand, en Thermidor an 9, 1801. V^u St. Adresse : A Paris, chez Lorrion, cloître Saint-Honoré, n° 9 — la même planche en noir porte aussi l'adresse du n° 3.

2. **Le Rossignol** — même sign. et adresse que n° 1.— La même planche en noir porte aussi l'adresse du n° 3.

3. **La Jument du compère Pierre** — d'après Vleughels, avec au M : Aug^te Legrand, an 10, ou 1802. V^u St. Adresse : A Paris, chez Lorrion, rue Fomenteau, n° 11, et Palais du Tribunal, Galerie Noire du Théâtre-Français.

4. **Le Villageois qui cherche son veau** — Sign.: Gravé par Augus^t le

Grand, an 10, ou 1802. Adresse : A Paris, chez Lorrion, rue Froid-manteau, n° 14, près le Louvre.

5. L'Hermite ou le Frère Luce — Sign. et adresse du n° 3.

---

8 VIGNETTES in-8° gravées par Delvaux, Courbe, Ponce, Devilliers, d'après Marillier et tirées d'une édition de Boccace. *Nouvelles de Jean Boccace.* Traduction libre par Mirabeau, etc... Paris, de l'Imprimerie d'Egron, chez Duprat-Letellier et C°, 1802 — 4 vol. in-8°.

Ces vignettes, assez finement traitées, présentent au centre un sujet principal de 65 H sur 48 L environ, entouré d'un cadre, et un sujet secondaire occupant la partie inférieure de la planche : En dehors de ces deux compositions, qui toutes se rapportent à La Fontaine, se trouvent quatre ou six sujets ovales ou carrés, tirés de Boccace et qui entourent la vignette du milieu : chaque sujet porte un titre.

L'ensemble de la planche, qui mesure environ 127 H sur 78 L, est bordé d'un TC et signé à la pointe.

Les avec lettre comprennent en plus en haut, au-dessus du TC, à G, un n° de volume (T° .), à D un n° de page (Page ...).

On rencontre des suites avec lettre, avant lettre, c'est-à-dire sans n° en H, des eaux-fortes et des épreuves d'état.

Les contes traités sont d'après le titre du sujet principal :

Le Cocu battu et content — En H à D, T° 3 — à G, Page 107 — Sign. en B au pointillé, à G Marillier inv. — au M an X — à D, Delvaux sculpt.
Avant lettre : sans indicat° en haut ni sign.
      •   avant toutes lettres, sans hachures sur le cadre et sur le cartouche qui porte le titre.
Eau-forte ?

Le Mulotier. — En H à G, T° 1e — à D Page 1e — Sign. en B à G, Marillier del. — au M à la p. n Ponce dir. : à D Courbe sculp.
Avant lettre : sans indic° en H, mêmes sign.
Eau-forte ?

Le Faucon — En H à G, T° 3 — à D, Page 17 — Sign. en B à la p. à G, c. p. marillier inv. — à D n ponce dir.
Avant lettre : sans indic. en H ni sign.
Eau-forte ?

Richard Minutolo — En H à G, T° 2 — à D, Page 26 — Sign. à la p. à G, ch p marillier in. — à D, n ponce dir. — et sur la pl. en B à D. fortier aq.

1802   *Avant lettre* : sans indic. en H mêmes sign.

                       avant toutes lettres, sign. seulmt sur la pl. : avant les
                       hachures sur le cadre et sur le cartouche du titre.
   Eau forte pure : avant toutes lettres, sign. sur la pl. fortier nq

   Mazet — En H à G, T° 1° — à D, Page 251 — Sign. à la p. à G, Marillier inv. — à D, Delvaux sculp. (sign. au point.).
   Avant lettre : sans indic. en H ni sign. : on lit de plus au M à la p. : ponce dir.
   Eau-forte avancée, avant toutes lettres et avant le titre sur le cartouche.

   Le Diable en Enfer — En H à G, T° 2 — à D, Page 91 — Sign. à la p. à G, C. P. Marillier inv. — au M, an 10 — à D, L. M. b.
   Avant lettre : sans indic. en H, mêmes sign.
   Eau-forte ?

   Les Remois — En H à G, T° 3 — à D, Page 219 — Sign. à la p. à G, C. p. marillier — à D, n. ponce, sc.
   Avant lettre : sans indic. en H, mêmes sign.
   Eau-forte.

   La Jument du compère Pierre — En H à G, T° 4 — à D, Page 143 — Sign. seulemt à la p. à G, Devilliers aquà forti.
   Avant lettre : sans indic. en H : m. sign. à G, et à D, C. p. marillier.

1802   8 VIGNETTES in-18 sans signature, tirées des Œuvres de Boccace. Nouvelle traduction libre par Mirabeau. — Paris, Duprat, 1802. — 8 volumes in-18.
   C'est la copie retournée du sujet principal, qui figure au centre des vignettes de Marillier décrites ci-dessus 1802.
   Ces vignettes sont bordées d'un cadre uni de 3 m/m environ, elles mesurent environ 73 H sur 53 L : elles portent en bas le titre du sujet et en H, à G, un n° de tome (T° ..), et à D l'indication Page ...
   Les sujets dans l'ordre des Tomes : Le Muletier, Mazet de Lamporechio, Richard Minutolo, Le Faucon, Le Cocu battu et content, Les Rhémois La Jument du compère Pierre.

1808   1 portrait et 83 vignettes d'après Eisen. — Nouveau tirage des cuivres des Fermiers généraux, sans cadre. — Paris, Tourneisen. — Voir page 62.

1813   SUITE DE NEPVEU. — 75 vignettes contenues dans une couverture chamois, portant le titre suivant :
   Gravures || au nombre de soixante-quinze || pour les || Contes et Nouvelles en vers || de La Fontaine. || Exécutées d'après les dessins || de Chasselat, Desenne, Monnet, Séb. Leroy, || Par Adam, Bosc, Coiny, Courbe, Couché fils, || Duplessi-Bertaux, Devilliers frères, Deghendt, || Forsell,

Godefroy père et fils, Gautier, Lambert || et Pigeot ; || Faisant suite aux Gravures des Fables de La || Fontaine, de Simon et Coiny, et destinées || à orner toutes les éditions de La Fontaine, || in 18, in-12 et même in 8.

Prix des 75 Gravures { In 18 — 36 fr. / In-12 — 42 fr. / In-8 — 18 fr.

Le prix des mêmes gravures avant la lettre || est double des prix indiqués ci-dessus.

Paris, || Nepveu, Libraire, passage des Panoramas, n° 26. || Imprimerie de Le Normant.

Par ce qui précède, on voit que cette collection de gravures a été gravée pour faire suite aux vignettes des Fables de La Fontaine, de Simon et Coiny : aussi la trouve-t-on quelquefois ajoutée à l'Édition que Didot avait publiée dans le même but. — Voir page 85.

Ces gravures sont bordées d'un simple TC, mesurant environ 78 à 80 H sur 49 à 51 L : elles sont assez généralement signées et portent un texte explicatif suivi du titre placé à G, et de l'indication de tomaison placée à D. On trouve des avec lettre sur papier blanc, des avant lettre et des eaux-fortes sur papier blanc et sur papier jonquille : La collection des eaux-fortes est assez difficile à rencontrer complète.

Pour les avant lettres et les eaux-fortes, on doit signaler 5 planches de remarque dites *découvertes*. Ces pièces sont : *Muret — Le Diable de Papefiguière — La Jument du compère Pierre — Les Lunettes — Le Tableau — Le Bât.*

Jocondo, N° 1. — Astolphe était ravi ; le frère était confus,
                    Et ne savait que penser là-dessus.
Vig. avec let. : sign. à G, Desenne, d : à D, Simonet, s.
Avant let. : sign. à G, à la p. Alex. Desenne del. — à D, Simonet jeune, sculp.
Eau forte.

Jocondo, N° 2. — A cet objet si précieux,
                    Son cœur fit peu de résistance.
Vig. avec let. : sign. à G, Desenne, d : à D, Delignon s.
Avant let. : sign. à la p à G, Desenne Dell : à G. Delignon scu.
Eau-forte.

Le Cocu battu et content...
                    Ce ne fut tout : car à grands coups de gaule
                    Le pèlerin vous lui froisse une épaule.
Vig. avec let. : sign. à G, Desenne, d : — à D, L. Goulu, s.
Avant let. : avant toutes lettres.
Eau-forte.

1813   **Le Mari confesseur.** — . . . . .Ah ! dit il, infidèle !
                    Un prêtre même! à qui crois tu parler?
Vig. avec let.: sign. à G. Desenne d.   à D, Simonet s.
Avant let.: sign. à la p. à 2 m/m du TC. à G, A Desenne del.: à D,
            Simonet J. sculp.
Eau-forte.

Le Savetier. — Lors de mon coin vous me verrez sortir
                Incontinent, de crainte de fortune
Vig. avec let.: sign. à G. Desenne d.: à D, L. Goulu. s.
Avant let.: avant toutes lettres.
Eau-forte.

Le Paysan qui avait, etc.— Incertain donc il se mit à genoux,
                    Et s'écria : Pour Dieu miséricorde
Vig. avec let.: sign. à G, Desenne d.: à D, Simonet s.
Avant let.: sign. au pointillé : à G, Alex. Desenne del.: à D, Simonet
            Junior, sculp., 1814.
Eau-forte.

Le Muletier. — Soit pour la peur ou soit pour l'action
                Le cœur battait, et le pouls tout ensemble.
Vig. avec let : sign. à G. Desenne d.: à D, Leroux s.
Avant let.: sign. au point. à G. Desenne inv.: à D, Leroux sculp.
Eau-forte.

La Servante justifiée. — En cet état la servante tomba :
                    Lui d'en tirer aussitôt avantage.
Vig. avec let.: sign. à G, Desenne d.: à D, L. Goulu. s.
Avant let.: sans sign.
Eau-forte. sign. à la p. à D, Vallot, aqua forti.

La Gageure des trois Commères... || (La Servante).
                Vite marchons : que du lit où je couche,
                Sans marchander on prenne le chemin.
Vig. avec let.: sign. à G, Dugoure, d.: à D, h. Pauquet. s.
Avant let.: sign. au M à la p. en lettres retournées, Pauquet JI.
Eau-forte.

La Gageure..., etc.— Comment, dit il, quoi! même à mon aspect
        (Le Poirier)   Devant mon nez, à mes yeux? Sainte dame.
Vig. avec let.: sign. à G, Dugoure d.: à D, Pauquet fils s.
Avant let.: sign. à la p. à G, en lettres retournées, Pauquet JI, sculp
Eau-forte.

La Gageure, etc. — . . . . sur ce fait il raisonne ;
   (Le Fil)   Se lève enfin et sort tout doucement.
Vig. avec let.: sign. à G, Desenne del: à D, Simonet J. s.
Avant let.: sign. à la p. à G, Alex. Desenne d.: à D, Simonet Jeune.
Eau-forte.

Calendrier des Vieillards.
        J'ai plus appris des choses de la vie,
        Depuis deux jours qu'en quatre ans avec vous.
Vig. avec let.: sign. à G, Desenne d.: à D, Pourvoyeur s.
Avant let.: sign. à la p. à G, J. Pourvoyeur.
Eau-forte.

A Femme avare Galant escroc...
        Gulphar, lui dit son épouse présente
        J'ai votre argent à Madame rendu.
Vig. avec let.: sign. à G, Desenne d.: à D, L. Goulu s
Avant let.: sans sign.
Eau-forte.

On ne s'avise jamais de tout...
        Il lui fallut dépouiller ses habits...
        Elle envoya quérir une autre jupe.
Vig. avec let.: Sign. à G, Desenne, d. ; à D, L. Goulu, s.
Avant let.: sans sign.
Eau-forte.

Le Gascon puni. — C'était Philis qui d'Eurilas
          Avait tenu la place, et qui sans trop attendre.
Vig. avec let.: Sign. à G, Desenne, d.: à D, Adam, f. s.
Avant let.; sign. à la p. au M. Adam, j^e, aqua-forti.
Eau-forte : sign. comme ci-dessus.

La Fiancée du roi de Garbe...
        Il ne sera pas dit que l'on ait, moi présente,
        Violenté cette innocente
Vig. avec let.: sign. à G, Desenne, d.: à D, Pigeot, s.
Avant let.: sans sign.
Eau-forte : sans sign.

La Coupe enchantée...
        Je devrais dans ton sang éteindre ce forfait ;
        Je ne puis et je t'aime encore toute infidèle :
Vig. avec let.: sign. à G, Desenne, d.: à D, Simonet, s.
Avant let.: sign. au pointillé · à G, A Desenne del.: à D, Simonet jeune.
Eau-forte.

1818

Le Faucon. — Non, Frédérick, dit-elle ; je déclare
                    Que c'est assez, etc. . . . .
Vig. avec let.: sign. à G, Desenne d.: à D, Lambert s.
Avant let.: sans sign.
Eau-forte.

Le petit Chien, etc...
        Notre fin pèlerin traversa la ruelle
        Comme un homme ayant vu d'autres gens que des saints.
Vig. avec let.: sign. à G, Desenne d.: à D, L. Goulu s.
Avant let.: sans sign.
Eau-forte.

Le Pâté d'anguille. — Il faut qu'en peu de temps, beau sire,
                        Vous ayez bien changé de goût.
Vig. avec let.: sign. à G, Chasselat d.: à D, Delignon s.
Avant let.: sans sign.
Eau-forte : sans sign.

Le Magnifique. — Parlant, Madame, en un mot comme en mille,
                    Votre beauté jusqu'au vif m'a touché.
Vig. avec let.: sign. à G, Desenne d.: à D, L. Goulu s.
Avant let.: sans sign.
Eau-forte.

La Matrone d'Ephèse. — Mettons notre mort en la place,
                        Les passans n'y connaîtront rien.
Vig. avec let.: sign. à G, Desenne d.: à D, Pigeot s.
Avant let.: sans sign.
Eau-forte : sans sign.

Belphégor. — Le bruit fut tel que Madame Nonette
                Plus d'une fois les voisins éveilla.
Vig. avec let.: sign. à G, Desenne d.: à D, A. Godefroy s.
Avant let.: sans sign.
Eau-forte : sans sign.

La Clochette. — . . . . .O belles, évitez
                    Le fond des bois et leur vaste silence.
Vig. avec let.: sign. à G, Desenne d.: à D, Couché fils s.
Avant let.: sign. au M à la p. Couché fils sculp.
Eau-forte : sign. comme ci-dessus.

Le Glouton. — Qu'on m'apporte tout à l'heure
                Le reste de mon poisson.
Vig. avec let.: sign. à G, Chasselat d.: à D, Courbe s.

1813

Avant let.: sans sign.
Eau-forte : sans sign.
Les deux Amis. — Chacun des deux en voulut être amant
                Plus n'en voulut l'un ni l'autre être père.
Vig. avec let.: sign. à G, Desenne d.: à D, Forssell s. —
Avant let.: sign. au M, Forssell sculp.
Eau-forte.

Le Juge de Mesle. — Maint d'entre vous souvent juge au hazard.
                Sans que pour ce tire à la courte paille.
Vig. avec let.: Sign. à G, Monnet d.: à D, Adam Je s.
Avant let.: sign. à la p. à G, adam jr scup.
Eau-forte : sans sign.

Alix malade. — Quelqu'un lui dit : il faut se confesser
                Voulez-vous pas mettre en repos votre âme?
Vig. avec let.: Sign. à G, Desenne d.: à G, L. Goulu s.
Avant let.: sans sign.
Eau-forte.

Le Baiser rendu. — . . . . A Guillot il permit
                Même faveur. Guillot tout plein de zèle, etc.
Vig. avec let.: sign. à G, Desenne d.: à D, Simonnet je s.
Avant let.: sign. à la p. à G, Alex Desenne del — à D. Simonet jeune.
                Sculp.
Eau-forte.

Sœur Jeanne. — Un jour donc l'abbesse leur dit :
                Vivez comme Sœur Jeanne vit.
Vig. avec let.: sign. à G, Desenne d.: à D, Bosq. s.
Avant let.: sign. à la p. à D, Bosq sel.
Eau-forte : sign. à la p. à D, B...

Imitation d'Anacréon. — D'une Vénus tu peux faire une Iris.
                Nul ne saurait découvrir le mystère.
Vig. avec let.: sign. à G, Desenne d.: à D, Forssell s.
Avant let.: sign. à la p. au M, Forssell sculp 1813.
Eau-forte.

2e **Imitation d'Anacréon.** — J'allume aussitôt du feu.
Vig. avec let.: sign. à G, Desenne d.: à D, Forssell s.
Avant let.: sign. à la p. au M. Forssell se 1812
Eau-forte.

Les Oies de frère Philippe...
                Mon père, je vous prie et mille et mille fois,
                Menons-en une en notre bois.

1813

Vig. avec let.: sign. à G, Chasselat d.: à D, Bouvrois s.
Avant let.: sign. à la p. au M, en caractères retournés Ppert Bouvrois.
Eau-forte : sign. à la p. au M en caractères retournés Ppert Bouvrois.

Richard Minutolo — Dans une chambre avec un lit au fond : Richard, de profil à D, est aux pieds d'une femme : celle-ci de face, près de la fenêtre, semble essuyer des larmes.

> Excusez donc si je vous ai trahie
> Ne me sachez mauvais gré d'un tel tour.

Vig. avec let.: Signé à G, Dugoure del.: à D, H. Pauquet s.
Avant let.: sign. à la p. au M, H. Pauquet.
Eau forte.

Les Cordeliers de Catalogne. — Réglez votre tems sur le nôtre
> Aujourd'hui l'une et demain l'autre.

Vig. avec let.: sign. à G, Chasselat d.: à D, Godefroy s.
Avant let. : sans sign.
Eau-forte :

Le Berceau — En son séant l'hôte sur son grabat,
> S'étant levé, commence avec éclat.

Vig. avec lett : Sig. à G, Desenne d.; à D, Courbe s.
Avant let. : Sig. à la p. au M, à 3 m/m du TC. Courbe s.
Eau-forte : Sans sig.

L'Oraison de St Julien — Voilà, disait la veuve charitable,
> Pour le chemin, voici pour les brigands

Vig. avec let. : Sig. à G, Desenne d.; à D, Gautier s.
Avant let. : Sig. au M au pointillé, Gautier aq. f.; et à la p. sp.
Eau forte :

Le Villageois qui, etc. — Homme de bien qui voyez tant de choses,
> Voyez vous point mon veau? dites le moi.

Vig. avec let. : Sig. à G, Desenne d.; à D, Leroux s.
Avant let. : Sig. au pointillé à G, Desenne Inv.; à D, Leroux Sculp.
Eau forte.

L'Anneau d'Hans Karvel — Il lui fut avis que le diable
> Lui mettait au doigt un anneau.

Vig. avec let. : Sig. Desenne d.; à D, Leroux s.
Avant let. : Sig. au pointillé à G, Desenne Inv; à D, Leroux Sculp.
Eau-forte.

L'Hermite — Dans une cellule, le moine à genoux de profil à D, se tourne à moitié vers la mère, qui amène sa fille.

   Puis au départ il leur dit que sans faute,
    Moyennant Dieu, l'enfant viendrait à bien.
Vig. avec let. : Sig. à G, Husanne sc.; à D, Simonet J.re s.
Avant let. : Sig. au M 5 la p. Simonet jeune 1819.
Eau forte.

Mazet de Lamporecchio Je suis d'avis qu'une fasse le guet,
     Tandis que l'autre étant avec Mazet,
Vig. avec let. : Sig. à G, Desenne d.; à D, Lambert s.
Avant let. : Sans sig.
     pièce dite découverte. Par la porte entr'ouverte
    on aperçoit deux paires de jambes.
Eau-forte découverte : Sans sig.

La Mandragore La scène se passe dans la chambre dont le lit est
placé le D à G.
    . . . . Dans le lit il se glisse,
    En grand silence. . . . .
Vig. avec let. : Sig. à G Desenne del; à D Bosq.
Avant let. : Sig. au M Dubosq sculp.
Eau forte : Sig. à la p. au M Bosq.

Les Rémois Ce fut alors, dame ne vous plaise,
    Que le courroux lui montant au cerveau,
Vig. avec let. : Sig. à G Desenne d.; à D Delignon s.
Avant let. : Sans sig.
Eau forte.

La Courtisane amoureuse. . . . . . .
    Ce ne fut tant : elle le dechaussa,
    Quoi, de sa main? Quoi, Constance elle même?
Vig. avec let. : Sig. à G, Desenne d.; à D, Devilliers s.
Avant let. : Sig. à la p. à D, De Villiers aqua forti.
Eau-forte :

Nicaise — Le galant, portant le tapis, se dirige vers la G. la femme
de face, tête 3/4 à D, le repousse de la main gauche.
    Vous êtes apprenti marchand,
    Faites-vous apprenti galant.
Vig. avec let. : Sig. à G, Chasselat d.; à D, Adam j. s.
Avant let. : Sans sig.
Eau-forte

Comment l'esprit, etc.   . . . . la pauvrette recule
   Un peu la tête et l'innocente dit :
   Quoi c'est ainsi qu'on donne de l'esprit?

Vig. avec let. : Sig. à G Desenne d.; à D Courbe s.
Avant let. : Sig. à la p. à G Courbe s.
Eau forte : Sans sig.

L'Abbesse malade — Vous en mourrez, à moins d'un bon galant.
Bon, le faut-il, c'est un point important.
Vig. avec let. : Sig. à G, Desenne d.; à D, Bosq s.
Avant let. : Sig. à la p. au M, Bosq sculp.
Eau forte : Sans sig.

Les Troqueurs — 1re pl.
Il a changé : changeons aussi, compère.
Très volontiers, reprit l'autre manant.
Vig. avec let. : Sig. à G, Desenne d.; à D, L. Goulu s.
Avant let. : Sans sig.
Eau forte.

Les Troqueurs — 2e pl., 2e pl. pour le même conte.
Il s'approcha, l'éveillant en sursaut,
Elle du troc ne se souvint pour l'heure.
Vig. avec let. : Sig. à G, Desenne d.; à D, Delignon s.
Avant let. : Sans sig.
Eau forte :

Le Cas de conscience. . . . .
Mais comment s'abstenir? Est-il quelque défense
Qui l'emporte sur le désir.
Vig. avec let. : Sig. à G, Desenne d.; à D, De Villiers s.
Avant let. : Sig. à la p. à D, De Villiers sculp.
Eau forte :

Le Diable de Papefiguières — La femme, de profil à G, est sur une
marche devant une porte dont on voit le chambranle à D.
. . . . A ces mots, au folet
Elle fait voir. . Et quoi? chose terrible.
Vig. avec let. : Sig. à G, Desenne del; à D, Courbe sc.
Avant let. : Sans sig.
découverte (la robe plus relevée), s. sig.
Eau-forte : Sans sig.

Féronde — Un personnage, à genoux de profil à D, est battu de verges.
Il est surpris de voir à son réveil
Autour de lui gens d'étrange manière.
Vig. avec let. : Sig. à G Dupeure del; à D, H. Pauquet sculp.
Avant let. : Sig. à la p. à G, H. Pauquet sculp.
Eau-forte.

Le Psautier — Ayant sur soi ce nouveau couvre-chef   1813
                    Et s'étant fait raconter de rechef.
Vig. avec let. : Sig. à G, Desenne d.; à D, Adam j⁺ s.
Avant let. : Sans sig.
Eau-forte :   •

Le Roi Caudaule — Le doux objet joua son jeu.
                    Gygès en fut ému, quelqu'effort qu'il put faire.
Vig. avec let. : Sig. à G Desenne d.; à D, Pigeot s.
Avant let. : Sig. à la p. au M, Pourvoyeur aqua-forti.
Eau-forte :   •   •

Le Diable en Enfer — . . . . Il faut au préalable,
                    Qu'on fasse une œuvre à Dieu fort agréable.
Vig. avec let. : Sig. à G Desenne d.; à D, Courbe s.
Avant let. : Avant toutes lettres.
Eau-forte :   •

La Jument du compère Pierre. . . . .
                    Tant de façons mettaient Pierre en chagrin.
Vig. avec let. : Sig. à G, Desenne d.; à D, Leroux aq f et s
Avant let. : Sig. comme ci dessus.
Avant let. découverte (la main du curé placée plus bas) - Sig. au M, à
                    la p. Leroux aqua forti Sculp.
Eau-forte découverte - Sig. à la p. au M, Leroux aqua forti.

Les Lunettes — . . . . Il s'en fallut bien peu
                    Que l'on ne vit tomber la lunetière.
Vig. avec let. : Sig. à G, Desenne d.; à D, A. Godefroy sc.
Avant let. : Sig. à la p. au M, A. Godefroy.
Avant let. découverte (la femme à G complètement nue) - Sig. comme
                    ci-dessus.
Eau-forte découverte : Sans sig.

Le Cuvier — Il regratta, gratta, frotta si bien,
                    Que notre couple ayant repris courage
Vig. avec let. : Sig. à G, Desenne d.; à D, Degheudt s.
Avant let. : Sans sig.
Eau-forte :   •

La Chose impossible. . . . . . .
                    L'amant dit au démon : C'est ligne circulaire
                    Et courbe que ceci, etc. . . . . .
Vig. avec let. : Sig. à G, Desenne d.; à D, Leroux s.
Avant let. : Sig. au pointillé au M.
Eau-forte : Sans sig.

1813

Le Tableau — On entendit craquer l'amoureuse tribune,
Ce rustre tombe à terre en cette occasion.
Vig. avec let. : Sig. à G, Desenne d.; à D, Pigeot s.
Avant let. : Sans sig.
Avant let. découverte (la robe plus relevée) : Sans sig.
Eau-forte découverte : Sans sig.

Le Bât — A celui-ci, par faute de mémoire,
Il mit un bât ; l'autre n'en avait point.
Vig. avec let. : Sig. à G, Desenne d.; à D, Leroux s.
Avant let. : Sig. à la p. à G, Leroux.
Avant let. découverte (la robe plus relevée) : Sig. comme ci-dessus.
Eau-forte découverte : Sig. comme ci-dessus.

Le Faiseur d'oreilles. . . . .
Tous vos enfants ont le nez un peu court ;
Le moule en est assurément la cause.
Vig. avec let. : Sig. à G, Desenne d.; à D, Leroux s.
Avant let. : Sig. à la p. au M, Leroux sculp.
Eau-forte : Sig. à la p. au M, Leroux.

Le Fleuve Scamandre. . . . . . .
Je suis, dit-il, le dieu qui commande à cette onde ;
Soyez-en la déesse et régnez avec moi.
Vig. avec let. : Sig. à G Desenne d.; à D, Bosq s
Avant let. : Sig. au pointillé à G Alex. Desenne, inv.; à D, J. Bosq
sculp
Eau-forte : Sans sig.

La Confidente sans le savoir. . . . . . .
Tenez, voilà rubis et diamans,
Voilà bien pis, c'est mon portrait, Madame.
Vig. avec let. : Sig. à G Desenne d.; à D, Courbe s.
Avant let. : Sans sig.
Eau-forte :   .

Le Remède — Le lit est placé de G à D et l'amant se présente également de G à D.
L'amant fut sage, il présenta pour elle,
Ce que Brunel à Marphise montra.
Vig. avec let. : Sig. à G, Desenne d.
Avant let. : Sans sig.
Eau-forte :   .

Les Aveux indiscrets — J'eus trois enfants avant mon mariage
A votre père, ai-je dit ce secret.

Vig. avec let. : Sig. à G, Desenne d.; — Deliguon s.
Avant let. : Sans sig.
Eau-forte :   •

Le Contrat . . . . . . Manque généralement dans les éditions.
Vig. avec let. :
Avant let. : Sans sig.
Eau-forte :   •

Le Quiproquo — On peut juger quel soupçon, quel scrupule,
                  Quelle surprise eurent les pauvres gens.
Vig. avec let. : Sig. à G, Chasselat d.; à D, Courbe s.
Avant let. : Sans sig.
Eau-forte :   •

La Couturière — Elle introduisit le galant
                  Sous le titre de couturière.
Vig. avec let. : Sig. à G, Chasselat d.; à D, Courbe s.
Avant let. : Sans sig.
Eau-forte :   •

Le Gascon — Malpeste, comme il se vante
              Par ma foi, je voudrais avoir ce qu'il s'en faut.
Vig. avec let. : Sig. à G, Chasselat d.; à D, Leroux s.
Avant let. : Sig. à la p. à G, Leroux, aqua Sculp.
Eau-forte : Sig. à la p. à G, Leroux aqua.

La Cruche — . . . . Lui, sans autre façon,
              Vous la jette sur le gazon.
Vig. avec let. : Sig. à G, Séb. Leroy d.; à D, Villerey s.
Avant let. : Sig. au point. à G Séb. Leroy del.; à D, Villerey sc.
Eau-forte : Sig. à la p. au M, Villerey a.

Promettre est un, etc. . . . .   •
              Perrette, dis-je, abusée en son compte,
              Et ne pouvant rien de plus obtenir
Vig. avec let. : Sig. à G, Séb. Leroy d.; à D, Villerey s.
Avant let. : Sig. au point. à G, Séb. Leroy del; — Villerey sc.
Eau-forte : Sig. à la p. au M, Villerey a.

Le Rossignol. . . . . .
              A cause du grand chaud, nos deux amans dormans,
              Etaient sans draps ni couverture.
Vig. avec let. : Sig. à G, Desenne d.; à D, Godefroy s.
Avant let. : Sig. à la p. au M, Ad. Godefroy.
Eau-forte :   •

1813 ?   S D — **Comment l'esprit vient aux filles** — faisant suite à **Comment l'esprit vient aux garçons**.

A Paris, chez Basset.

1814   **Les Oies de Frère Philippe** — Estampe en couleur de 195 H sur 295 L — bordée d'un TC. — Caricature de mode annoncée dans le *Journal de la Librairie*, p. 311 — 1811.

A D, un vieillard de profil à G, retient un jeune garçon qui semble vouloir s'élancer vers un groupe de trois femmes placé à G.

Le titre du conte est placé en haut de l'estampe : en bas se trouve un texte de 12 vers écrits par colonne de 6 vers, et entre les deux colonnes on lit : Conte de la Fontaine.

Enfin se trouve inscrit, à 26 m/m du TC, à G : à Paris, chez Gautier, rue Poupée, n° 7 — à D, Déposé à la Direction Gle de l'Imp.

1814   **Les Oies de Frère Philippe** — Médaillon rond de 77 m/m de diamètre ; bordé d'un filet : reproduction de l'estampe précédente, retournée et légèrement modifiée. — A la partie inférieure du cercle se trouve un espace blanc réservé au titre : « Les Oyes! [] du Frère Philippe ».

1814   Suite de Moreau — 9 vignettes tirées d'une suite de 25 pièces pour les œuvres complètes publiées par Lefèvre. — Voir page 87.

1816   6 GRAVURES EN COULEUR — A Paris, chez Chazal.

Ces gravures ont été annoncées dans le *Journal de la Librairie* sous les n°° 311, 312, 311, 315, 393 et 101.

In-quarto oblong, elles sont bordées d'un TC — Le titre est placé en haut au M ; au dessous du TC se trouve un texte de 8 vers sur 2 colonnes. Certaines planches sont signées. A 67 m/m du TC, à D, sur les épreuves à toute marge, on lit l'adresse suivante : A Paris, chez Chazal, rue du Cimetière St André des Arts, n° 17.

Détail des planches dans l'ordre de publication :

Le Gascon puni — 167 H sur 228 L, sans sig.

Le même, avec le titre en bas, entre le texte et le TC (peut-être la suite existe-t-elle dans cet état).

Le Gascon couché à G ; la femme, demi-vêtue, se dirige vers une porte placée à D.

La Clochette — 167 H sur 230 L — Sig. à G, contre le TC, CA enlacés. — En bas, sous le texte, l'adresse ci-dessus.

Un jeune paysan, agitant une clochette, se dirige vers la forêt : il se retourne pour surveiller une bergère, en larmes, qui suit la même route en écoutant les sons de la clochette.

Le Cas de conscience. . . . .

Joconde — 167 H sur 228 L — Sig. à G, AC enlacés.

Scène de la récompense.

La Servante justifiée — 195 H sur 228 L. — Sig. à G, AC enlacés.   **1816**
Le mari embrasse la servante étendue à G, de D à G — la maison est à D : une femme entr'ouvre une persienne et regarde.

Le Faucon — 167 H sur 228 L. — Sig. à D, Veran sculp. : le texte a 12 vers en 2 colonnes.
Scène du repas : la soubrette sort par la G.
La même en noir comme pour le Gascon puni.

---

12 ESTAMPES in-f° en longueur, gravées à l'aquatinta par Alix,   **1816-17**
d'après Saint-Fal. — Annoncé dans le *Journal de la Librairie* — 1816, page 388 — 1817, page 210.
Environ 191 H sur 309 L, bordées d'un TC, elles sont signées à G, Saint-Fal inv^t — à D, Alixe ou Alix sculp.
Le titre est placé à 6 m/m environ du TC : il est accompagné d'un texte de 12 à 15 vers divisés en 3 colonnes et suivis de la mention (Nouvelle tirée des contes de La Fontaine). Plus bas on lit : à G, Déposé au bureau des Estampes — à D, Déposé à Paris, chez Noël, rue St Jacques, n° 16.
Les contes illustrés sont :

Joconde.	L'Oraison de saint Julien.
La Servante justifiée.	Le Roi Candaule.
Le Calendrier des Vieillards.	Nicaise.
Le Pâté d'anguille.	Le Villageois qui cherche son veau.
Le Baiser rendu.	Le Bât.
Les Oies de Frère Philippe.	Le Cuvier.

Innocence et Amour (La Cruche cassée) — Estampe in-folio gravée   **1817**
par Villerey d'après Prudhon — 355 H sur 112 L. — sans cadre.
Dans une forêt, avec paysage à G, au pied d'un arbre touffu, un paysan serre dans ses bras une jeune fille qu'il embrasse : à côté d'eux un vase renversé.
Sig. à G, Prudhon inv^t et del^t — à D, Villerey Sculp^t, 1817.
En dessous de la pl., au M, se trouve un écusson-vignette à claire-voie représentant, sur des nuages, un amour, le penou posé sur ses flèches et son carquois : il semble appuyé contre un piédestal surmonté d'une rose. — De chaque côté de cette vignette on lit le titre : Innocence — et Amour.
A Paris, chez Villerey, graveur, rue et Porte Saint-Jacques, n° 171. — Imprimé par Chardon. — Déposé, etc., chez Bance aîné, rue St-Denis, et chez les principaux marchands d'estampes.
États — Avec lettre : Celui décrit ci-dessus.
Avant lettre : Sans titre ni adresse, mêmes sig. — La vignette sans piédestal.
Avant toutes lettres.

1817   *Eau-forte* : Le paysage et les fonds avancés : le groupe tout blanc. —
           La pl. est signée à la p. à G, Prudhon inv. et del. —
           à D, V. Pillement fils, aqua-forti.

1817   10 vignettes in-12, dessinées par Monnet. — Suite qui n'a pas été terminée. — Voir page 90.

1818   7 LITHOGRAPHIES d'après C. et H. VERNET.
Ces lithographies étaient destinées à illustrer une édition des Contes qui devait faire suite à l'édition des Fables : la première livraison seule a paru. Cette première livraison, texte et gravures, était contenue dans une couverture jaune en papier grossier et portait comme titre :

Contes Choisis ‖ de ‖ La Fontaine ‖ Ornés de dessins lithographiés ‖ Par MM. Carle et Horace Vernet. ‖ et du portrait de l'auteur par M. Isabey. ‖ 1re Livraison. ‖ A Paris, ‖ Chez Mᵐᵉ Vernet, ‖ seul Editeur des Fables lithographiées par les mêmes peintres, rue Cassette, No 20 ‖ et chez Engelmann, ‖ Directeur de la Société lithographique de Mulhouse, Rue Louis-le Grand, No 27.

Ces gravures, bordées d'un T C, mesurent 188 H sur 240 L environ ; elles portent un titre en écriture courante (sauf la Matrone d'Éphèse), elles sont signées Carle Vernet ou H. Vernet, à G, sur la planche : en dehors du T C on lit à D, Lith. de...

On rencontre ces lithog. en noir et en couleur. — Les sujets traités sont :

Le Cocu battu et content, — *le Savetier,* — *le Quiproquo,* — sign. Carle Vernet et Lith. de G. Engelmann.

Le Paysan qui a offensé son Seigneur, — *le Poirier enchanté,* — sig : Carle Vernet et Lith. de Langlumé.

Nicaise, — sign. H. Vernet — Lith. de Langlumé.

La Matrone d'Éphèse. — Voilà donc notre Veuve écoutant la louange — sig. à D, Lith. de Villain, r. de Sèvres, No 11.

1818-19   SUITE DE 10 LITHOGRAPHIES IN-4° par HERSENT.
Cette suite in-4° a été annoncée dans le *Journal de la Librairie,* p. 617, — 1818. Elle a été publiée en 2 livraisons de 4 planches chacune et 2 planches ont paru séparément en 1819.

La couverture, en gros papier jaunâtre, portait comme titre : Choix de Sujets ‖ tirés des Contes ‖ de Jean La Fontaine, ‖ et exécutés en lithographie ‖ Par Hersent. ‖ ...Livraison (le n° écrit à la main) ‖ A Paris. ‖ De l'Imprimerie lithographique de F. Delpech. ‖ 1818 ‖ — Ce titre est entouré d'une bordure fantaisie.

Ces lithographies mesurent environ 211 H sur 161 L, bordées d'un T C : elles ont été tirées en noir et en couleur : elles sont presque toutes signées et portent un titre écrit en lettres courantes anglaises.

Les sujets traités sont :

Jooonde — (après la scène du lit) 211 H sur 161 L — sign. à D, Imp. Lithog. de F. Delpech.

En couleur avant toutes lettres.

Le Savotier — 212 H sur 161 L — sign. à G, hersent 1819 — à D, comme ci-dessus.

En couleur avant toutes lettres.

La Fiancée du roi de Garbe — 211 H sur 169 L — sig. à G, hersent del — à D, comme ci-dessus.

Mazet de Lamporechio — 213 H sur 161 L — sig. comme ci-dessus.

Comment l'esprit vient aux Filles — 212 H sur 161 L — sig. à G, hersent 1819 — à D, comme ci-dessus.

La Courtisane amoureuse — en long — 161 H sur 210 L — sig. comme la précédente.

Le petit Chien qui secoue de l'argent et des pierreries — 160 H sur 159 L — sig. comme le n° 3.

L'Hermite — 211 H sur 159 L — sig. à G, hersent 1818 — à D, comme plus haut.

Même planche retournée, modifiée dans les fonds et plus vigoureusement t..tée, sans sign. ni titre.

La même, en couleur, sans sign. ni titre.

La même, en couleur, avec le titre sans sign.

Les Remois — 208 H sur 160 L — sign. comme la deuxième planche.

Le Remède — en long — 160 H sur 213 L — sig. comme ci-dessus.

SUITE de 9 LITHOGRAPHIES IN-8° — réductions d'Hersent.

Ces lithographies in-8° sont la réduction de celles détaillées ci-dessus. *Le Remède* seul manque toujours.

Elles mesurent environ 111 A sur 85 L : elles sont toutes bordées d'un TC, sont signées et portent un titre écrit en lettres ordinaires : à 21 m/m du TC on lit : 1 lith. de Delpech. La sig. de G, Hersent inv. est la même sur toutes les planches : celle de droite diffère comme suit :

Joconde, — la Fiancée du roi de Garbe, — Mazet de Lamporecchio, — Comment l'esprit vient aux Filles, — le petit Chien, — les Rhemois, — portent Chatillon del.

1819   Sur le *Savetier*. — *la Courtisane amoureuse*, — *l'Hermite*, on lit :
V ou Vallon de Villeneuve del.

1819 ?   S D. — **L'Hermite** · lilhog. in-f° avec sign. illisible sur la planche. Dans
une grotte un moine assis, profil à D, tient par la main une jeune fille debout
de 3/4 à G ; au deuxième plan à G, une femme sort de la grotte. — 185 H
sur 163 L, sans bordure, le titre placé en H au M de la planche : en B à D
est écrit : Lith. de G. Engelmann. — Dessous, à 9 m/m de la lith., se trouve
un texte : « Oh! Papelards, qu'on se trompe à vos mines. » et plus bas
on lit : à G, Déposé — à D, Contes de Lafontaine.

1819   **Comment l'esprit vient aux filles — Mazet de Lamporecchio —**
2 lithogr. In-f° en couleur, d'après Malbranche.

Ces deux lithogr., de 220 H sur 183 L, bordées d'un TC, portent le
titre en H. suivi des mots : « Contes Delafontaine », placés à D, contre
le TC — En bas se trouve un texte de deux vers, et à G, à 4 m/m du TC,
le mot : Déposé.

Comment l'esprit vient aux filles — Dans une cellule, un moine, de
profil à G, pousse sur un lit une jeune fille qu'il serre dans ses bras. —
Sig. sur la planche, à G, 1819 — à D, Malbranche.

Mazet de Lamporecchio — Dans un jardin, avec maison au fond
à G, une nonne, de 3/4 à D, entraîne vers un bosquet un jeune paysan —
au fond, à G, une nonne de dos fait le guet.

1820   1 portrait et 8 contes gravés par Bovinet d'après Desenne, tirés des 20
figures destinées à illustrer la Petite Bibliothèque française. — Paris,
Menard et Desenne. — Voir page 91.

1820   75 vignettes d'après Desenne, Chaudet, etc., tirées des 120 de l'Edition
Nepveu, 18 vol. in-12. Reproduction des planches de 1813 avec certaines modifications. — Voir page 93.

1822   9 vignettes d'après les dessins de Moreau, tirées des 25 gravures de la
2° suite de Moreau. — Paris, Lefèvre, 4 volumes in-8°. — Voir page 89.

1824   75 vignettes in-8° d'après Desenne. — Reproduction encadrée des planches de 1820, — Quelques gravures ont été changées. — Voir page 91.

1824   *Les mêmes*, in-12, Brière. — Voir page 95.

1824   *Les mêmes*, in-8°, Peytieux. — Voir page 96.

1825 ?   S D. — **Le Calendrier des Vieillards** — Lith. in-f° d'après Fragonard.
Dans une espèce de chambre avec haute cheminée à G, un vieillard
assis de face dans un fauteuil, un in-folio ouvert sur les genoux, montre du

doigt à sa femme un calendrier pendu au montant de la cheminée — La femme, de profil à D, monte les marches d'un escalier.

Lithogr. de 190 H sur 160 L, au TC, entouré d'un cadre formé de 4 filets : un intérieur placé à 2 m/m du TC et 3 extérieurs par 1 et 2. A 4 m/m du cadre, on lit à G, Fragonard del; — à D, lith. de Lemercier, rue Pierre Sarrazin, n° 2.

Le titre, en lettres carrées doubles, est placé à 13 m/m du cadre.

Le Fleuve Scamandre — Lithogr. in-folio par Aubry Lecomte d'après Lancrenon.   **1825**

Le galant, assis à G, de face, au bord d'une rivière, a la tête tournée vers une jeune fille qu'il attire à lui : celle-ci est debout à D, de profil à G, les pieds dans l'eau.

490 H sur 385 L, bordée d'un TC et entourée d'un cadre formé par 3 filets : 2 extérieurs et 1 intérieur. Sig. à 11 m/m du cadre, à G, peint par Lancrenon, 1821 — à D, Lithographié par Aubry Lecomte, 1825.

Plus bas on lit, à 17 m/m du cadre à G, Imprimerie lithographique de Francisque Noël — à D, à Paris, chez Francisque Noël et C°, Editeurs, rue des Deux-Portes Ecole de Médecine, n° 7.

Le même — lithog. de 277 H intérieur sur 217 L. — Sig. à D, sur la planche, Levilly, et en dehors de la planche, à G, Lancrenon pinx — au M, Lith. de . . . . à D, Levilly Lith. En dessous du titre on lit : à Paris, chez Dauty, Editeur, rue Vivienne, n° 2.

3 vignettes gravées d'après Pourvoyeur, Godefroy et Delaistre, d'après Devéria — tirées des 12 planches des Œuvres complètes. — Paris, Igonette, 1 vol. in-8°. — Voir page 96.   **1826**

5 vignettes en tête de page, gravées par Thompson d'après Devéria — tirées des 30 gravures des Œuvres complètes — Paris, Baudouin, 1 vol. in-8°. — Voir page 97.   **1826**

5 vignettes en tête de page — tirées de 24 gravures des Œuvres complètes. — Paris, Delongchamp, 1 vol. in-8°. — Voir page 97.   **1826**

Joconde — Lithog. en longueur d'après Tassaert, tirée de l'Album Théâtral.   **1827**

Au premier plan deux personnages appuyés, l'un contre un tertre, l'autre contre un arbre, attendent l'arrivée de la belle qui, placée au deuxième plan, se laisse embrasser par un troisième galant.

Lithog. à claire-voie — 176 H sur 265 L. — Sig. sur la pl. à G, Tassaert, 1827. En H on lit : Album Théâtral ‖ N° 4. ‖ En bas, à D, imp. de Ducarme. — Au M, Joconde ‖ (acte II, scène XII) — puis à G (Opéra-Comique) — à D (Etienne et Nicolo).

1827   **Le Fleuve Scamandre** — gravure pet. in-4° par Allais, d'après Lancrenon : Copie retournée de la lithog. in-folio de 1825.

Le galant est assis à D et la jeune fille de profil à D — 208 H sur 160 L, sans cadre — sign. à G Lancrenon pinxit — à D Allais sculp — le titre est placé à 10 m/m du TC. En dessous on lit : Galerie du Luxembourg des Musées Palais et Châteaux Royaux de France. Enfin plus bas à D, Déposé à la Direction.

Etats. — *Avec lettre :* celui décrit.

Avant lettre : sur chine, signé à la p. à G. Peint par Lancrenon — au M, 1827 — à D, gravé par J A Allais.

Eau-forte pure, signée comme l'avant lettre et au M, à la place de la date on lit : Le Paysage par Fortier.

1827 ?   S D — **Le Fleuve Scamandre** — in-12 gravé par Delvaux d'après Lancrenon. Réduction de la 1re planche.

74 H sur 59 L, bordée d'un TC entouré d'un filet formant cadre à 1/2 m/m du TC. Signé à la pointe à 9 m/m du filet à G, Lancrenon pinx — à D, Ag Delvaux sc. Le titre est placé à 10 m/m du filet.

Etats. — *Avec lettre :* titre lettres noires.

     titre lettres grises à la p.

Eau-forte : avant toutes lettres.

1827 ?   S D — **Le Fleuve Scamandre** — in-folio, eau-forte pure : je ne connais pas la planche terminée.

435 H sur 330 L. — les fonds très avancés : le groupe au trait seulement. Sur le bord d'un ruisseau le galant, de profil à D, la jambe D à moitié dans l'eau, attire à lui l'ingénue assise de face sur le bord du ruisseau.

Cette planche semble gravée par Fortier comme la pièce de Lancrenon.

1827 ?   **Le Fleuve Scamandre** — eau-forte pure — sans sign. et attribuée à Fortier.

239 H sur 178 L. — bordée d'un TC. Le galant et la jeune fille les pieds dans l'eau : un massif de rocher occupe au fond presque toute la largeur de la planche et l'on voit à G l'ouverture d'une grotte.

La Clochette — par Boquet. Sous des arbres assez clairsemés on voit à D, au premier plan, une bergère qui marche en écoutant. Au milieu, au deuxième plan, un berger, agitant une clochette, conduit une vache vers la forêt, de D à G : au fond une ferme au haut d'une colline.

Estampe in-4° en couleur de 181 H sur 148 L — bordée d'un TC — sign. à G, P. J. Boquet, inv. et sculp. Le titre, placé à 17 m/m du TC, est écrit en grandes lettres majuscules — Plus bas à 29 m/m. on lit : A Paris, chez l'Auteur, Place de l'Abbaye, N° 9, Fg St Germain et chez Jauffret, Palais du Tribunal, N° 61, à côté du café Foi : enfin à 40 m/m. Déposé à la Bibliothèque Impériale.

La Fiancée du roi de Garbe — 4 lithog. Impr. Villain. — Ces quatre lithog. font partie d'une *suite* qui n'a pas été terminée : elles sont signalées dans le *Journal de la Librairie*, 1824, p. 596.

Elles mesurent environ 128 H sur 160 L. — et sont signées à D en bas, Lith. de Villain : aucune autre sign.

Elles portent un texte de 2 vers suivis des indications suivantes : à G, la Fiancée du roi de Garbe — au M ... avanture — à D, Contes de La Fontaine.

Les planches sont :

1re Aventure. — La princesse à ces mots ne se peut plus contraindre.

4e   »   Nouvel hôte, nouvel amant, etc...

6e   »   Aliacel lui pardonnant. . . . . . .

7e   »   De faveur en faveur (ainsi comptaient ces gens), etc.

On rencontre des avant lettre sans texte.

1829

Les Oies de frère Philippe — N° 17, d'une suite intitulée « la Métamorphose réalisée ». — Impr. Gobert. A Paris, chez Genty.

1829

SUITE de DEVERIA

1829-30

31 lithographies in-4° tirées sur papier ordinaire, en noir et en couleur, et sur chine en noir seulement. Les sujets sont en hauteur et en longueur : les planches mesurent de 159 à 163 m/m H sur 128 à 132 H ; elles sont entourées d'un cadre formé d'un double filet. Au-dessus du cadre se trouve un titre uniforme écrit en lettres carrées doubles « Contes de Lafontaine » — En dessous du cadre on lit :

1° Les signatures : à G, A. Deveria del ou fec : à D, Lith. de E. Ardit : ces mots sont précédés du mot Imp. dans les trois dernières livraisons ;

2° Le titre du conte écrit en grandes lettres carrées doubles et suivi d'un texte de 1 à 6 vers ;

3° L'adresse de l'éditeur dont on verra plus loin les différentes formes.

Il y a eu pour cette *suite* trois tirages :

1° Pour le premier tirage, nous avons une couverture jaune avec le titre suivant écrit en caractères variés ornés d'enroulements à la plume : Contes || de Lafontaine || Publié || par E. Ardit, Editeur, Rue de la Monnaie, N° 11 || et chez Henry Gaugain et Cie, Rue Vivienne, N° 2 || à Paris || sans date.

Au centre se trouve une lithographie à clairevoie formant fleuron représentant La Fontaine étendu de D à G, dans un lit à rideaux : il tend le manuscrit des contes à un personnage ecclésiastique de profil à D, assis dans un fauteuil au pied du lit. En dessous de ce fleuron on lit en lettres carrées : « Fesons en une Edition au profit des pauvres » Le fleuron est signé en B à C, Deveria.

Les lithogr. contenues dans ces couvertures portent comme adresse d'éditeur, pour les trois premières livraisons, ou 18 planches, « Chez Ardit, Editeur, rue de la Monnaie, N° 11, et chez Gaugain et Cie, rue Vivienne, n° 2 » écrit sur une ligne : pour les trois dernières livraisons en 12 pièces ;

1829-30 À G, à Paris, chez Ardit Éditeur || Rue Vivienne, N° 2 || ; au M, February 1830 — à P, London by Engelmann, Graff Coïndet et C° || Dean Street Scho — souvent ces deux dernières adresses sont sur une ligne avec au M un numéro d'ordre remplaçant la date.

2° Deuxième tirage : mêmes estampes semblables aux précédentes, mais moins bonnes, le titre et le texte souvent pâlis et peu lisibles ; la couverture chamois ; le titre général en caractères différents : « Contes || de Lafontaine || par A. Deveria || Paris || Chez E. Ardit, Éditeur, Rue Vivienne, n° 2 || sans date ..... Livraison || ; plus bas on lit : à G. Georget fecit — à D, Impr. Lith. de E. Ardit. Nous avons la même lith. comme fleuron, mais plus noire et plus chargée : la signature a disparu et le texte est écrit en caractères mieux formés.

3° Troisième tirage : Couverture grise semblable à la précédente comme fleuron et disposition de titre, mais avec un éditeur différent, chez Avenin, éditeur, rue Grenier-Saint-Lazare, 31. Les lithog., souvent sans adresse, portent un numéro d'ordre.

D'après ce que nous avons rencontré, il est probable que les lithog. sur chine portent toutes l'adresse française et anglaise ; ce tirage n'a dû être fait qu'en 1830, lors du premier changement d'adresse.

LISTE des CONTES dans l'ordre de leur publication et suivant l'annonce du *Journal de la Librairie.*

1825. — *Première Livraison* — 6 pièces.
Les deux Amis — pl. en H.
Les trois Commères (la Servante) — pl. en L.
Joconde (l'Aveu) — pl. en H.
La Chose impossible — pl. en L.
La Courtisane amoureuse — pl. en L.
Le Villageois qui cherche son veau — pl. en H

1829. — *Deuxième Livraison* — 6 pièces.
La Mandragore — pl. en H.
Le Cuvier — pl. en H.
La Matrone d'Éphèse — pl. en H.
Do Cocu battu et content — pl. en H.
Le Psautier — pl. en H.
Les trois Commères (le Poirier) — pl. en H.

1830. — TROISIÈME LIVRAISON — 6 pièces.
Le Tableau — pl. en H.
Les trois Commères (le Lit) — pl. en H.
Le Fleuve Scamandre — pl. en H.
Le Gascon puni — pl. en H.
Le Remède — pl. en H.
Nicaise — pl. en H.

1829. — QUATRIÈME LIVRAISON — 5 pièces.

Le Berceau — pl. en H.
Le Mari confesseur — pl. en H.
La Servante justifiée — pl. en H.
Le Glouton — pl. en H.
Les Oies de Frère Philippe — pl. en H.

1830. — CINQUIÈME LIVRAISON — 1 pièce.

Le Quiproquo — pl. en H.

1830. — SIXIÈME LIVRAISON — 6 pièces.

Le Faucon — pl. en H.
Le Calendrier des Vieillards — pl. en H.
On ne s'avise jamais de tout — pl. en H.
Le Roi Candaule — pl. en H.
A Femme avare Galant escroc — pl. en H.
La Fiancée du roi de Garbe (d'Arlac) — pl. en H.

L'Anneau d'Hans Carvel — pl. en H., parue séparément.

Cette dernière pièce est assez rare, elle n'a pas été annoncée lors de la publication et manque assez généralement dans toutes les collections.

Je ne puis passer sous silence 15 lithog. très découvertes, dont 3 originales et 12 tirées de la suite qui précède. Elles ont fait l'objet d'une publication spéciale ; renfermées dans une couverture jaune avec fleuron galant.

Il m'a également été donné de voir deux suites galantes oblongues, qui semblent du même auteur : l'une, de 24 planches numérotées de 1 à 24 ; l'autre, de 12 planches numérotées de 1 à 12 — portant l'adresse de Paris ou celle de Londres : suivant l'adresse, le fleuron est différent.

La série des lithog. de Devéria devait sans doute comprendre tous les contes de La Fontaine. Nous avons en effet un certain nombre de calques qui représentent soit des sujets déjà traités et rejetés comme défectueux ou trop légers, soit des sujets complémentaires ; parmi ces derniers un certain nombre ont été gravés ; voir l'article suivant.

Je demande la permission de donner la liste de ces calques afin d'être renseigné sur les planches que je ne connais pas et qui ont pu être publiées :

Joconde (scène du Valet) (a été gravée dans la suite découverte)
  «   (l'aveu).
La Servante justifiée.
Le Baiser rendu.
1re *Invitation d'Anacréon.*
2e   «   «
Les Cordeliers de Catalogne.
Les Cordeliers de Catalogne (a été gravé ; voir l'article suivant.)
Comment l'esprit vient aux Filles.

1829-30

La Fiancée du roi de Garbe (le Rocher).
Belphégor.
Alix.
L'Abbesse malade.
Le Cas de conscience.
Le Diable en Enfer.
Le Diable en Enfer (a été gravée ; voir l'article suivant.)
Le roi Candaule.
La Jument du compère Pierre.

Le Diable de Papefiguière.
Le Bât.
La Confidente sans le savoir.
La Matrone d'Éphèse.
Le Berceau.
La Courtisane amoureuse.
La Chose impossible.
Le Tableau.

1829-30

S D — 4 PIÈCES à ajouter à la suite DEVÉRIA.
L'Anneau d'Hans Carvel—sans adresse— N° 19, même pl. que précéd.
Le Diable en Enfer — sans adresse — N° 24.
Les Cordeliers de Catalogne — adresse : A Paris, chez Fournier, Rue
          St Jacques, et à Rouen, Rue Gde-Pont, N° 55.
Nicaise — même adresse que ci-dessus — même planche que précéd.

Ces lithog. ont les mêmes dimensions et dispositions de texte et de titres que pour la suite Devéria. — La sign. à D est seule remplacée par la suivante. — Lith. de Liguy frères, R. Quincampoix, 38.

———————

1830

4 VIGNETTES in-8° dessinées par Tony Johannot et gravées par Blanchard, Kœnig et Lacour.

Ces 4 pièces font partie d'une suite de 12 planches publiées par Furne et renfermées dans une couverture portant comme titre : Douze vignettes ‖ et un portrait ‖ pour les Œuvres de ‖ La Fontaine ‖ dessinées par Tony Johannot ‖ gravées par Blanchard, Cousin, Kœnig, Lacour, Revel, Mauduit, Lemaître. ‖ Paris, Furne, Libraire-Éditeur, ‖ quai des Augustins, n° 39.

Ces gravures, publiées d'abord sans texte, ont ensuite été ajoutées dans diverses éditions.

On trouve des avec lettre, des avant lettre, des eaux-fortes et des états intermédiaires.

Les gravures avec lettre ont 107 à 109 de H sur 79 à 81 L ; elles sont bordées d'un TC et entourées d'un double filet assez espacé formant cadre :

En B, contre le cadre, on lit les signatures gravées en anglaises; le titre est placé à 8 m/m environ du cadre et en dessous se trouve la mention : « Publié par Furne ».

Les avant lettre sont sans titre, avec les sign. à la p. Les eaux-fortes sont avant toutes lettres ou avec sig. à la p.

La Clochette et *Comment l'esprit* sont très rares.

Liste des planches :

La Fiancée du roi de Garbe — Sig. à G, Tony Johannot del. — à D, Blanchard sc.

Avant lettre : Sig. à la p. à G, Tony Johannot del.; — à D, Blanchard sculp.

Eau-forte. : Comme ci-dessus.

La Clochette — Sig. à G, Tony Johannot del.; — à D, Blanchard et Morizot sc.

Avant lettre : Sig. à la p. à G, dessiné par Tony Johannot; — à D, Gr par Blanchard et Morizot.

n. sig. à G; — à D, gr..... (seulement).

Eau-forte : m. sig. à G : à D, gr à l'eau-forte par Blanchard et Lemaitre.

La Courtisane amoureuse — Sig. à G, Tony Johannot del.; — à D, Konig sc.

Avant lettre : Sig. à la p. au M, Tony Johannot del. 1830 Konig sculp.

Eau-forte avant toutes lettres.

Comment l'esprit vient aux Filles — Sig. à G, Tony Johannot del.; — à D, Lacour sc.

Avant lettre : Sig. au pointillé à G, Tony Johannot del.; — au M 1829; — à D, Lestudier Lacour sc.

Avant lettre avant toutes lettres.

Eau-forte : avant toutes lettres, avec le cadre.

Eau-forte :   sans le cadre.

S D — **La Clochette** — Gravure sur bois anonyme, d'après une aquarelle de M. Delacq : planche tirée du journal *le Charivari*.

Dans une forêt, au premier plan, de face, une paysanne, les sabots à la main, semble écouter le son d'une clochette, que secoue un paysan placé à G, de profil à G, au 3e plan — 178 H sur 150 L, bordée d'un TC.

1835 1 fleuron, 1 portrait, 34 vignettes gravés par Delvaux, Derby, Berlié, Lejeune, Millin, Audebran et Schroeder, d'après Ducornet, André, Champion et Alfred Albert. Paris, Braulart, 1 vol. in-8°. — Voir page 98.

1839 1 fleuron, 30 gravures, 65 en-tête de page, d'après Tony Johannot, Roqueplan, Deveria, Boulanger, Fragonard père, Janet-Lange, Français, Lavielle, Vattier, Adrien Feart. Paris, Bourdin, 1 vol. in-8°, sans date. — Voir page 101.

1830 **Comment l'esprit vient aux Filles — Lith.— A Paris, chez Vayron,** rue Galande, n° 51.

Mazet — Ovale en longueur, lithog. de Ferogio. — Sig. sur la pl. en bas au M, Ferogio.

Dans un jardin avec jet d'eau au fond, un groupe de deux nonnes, de 3/4 à G, regardent dormir un jardinier, étendu à l'ombre d'un arbre.

211 H sur 337 L. — avec les lettres suivantes : En H, au M, Épisodes ; en B au M, 20 ; à G, composée et lith. par Ferogio ; à D, Impr. Lemercier, rue de Seine, 57, Paris. Puis on lit plus bas, à G, Paris (Mme Aumont), François Delarue, succ., 10, rue J.-J. Rousseau ; à D, London, E. Gambart & Cie, 25, Berners, St Oxf. S^t.

On trouve des avant lettre.

1840 **Comment l'esprit vient || aux Filles — Lithogr. in-4° d'après Menut.**
Dans un jardin, au pied d'un arbre, un jeune homme est assis à côté d'une jeune fille. Il interrompt sa lecture pour embrasser la jeune fille sur le cou.

Lithographie in-4 de 171 H sur 193 L, bordée d'un TC doublé d'un cadre formé de deux filets espacés de 12 m/m. — Sig. à G, Ad. Menut del.; — à D, lith. de Lemercier. Titre au milieu sur deux lignes : en dessous on lit, à 10 m/m du cadre à G, à Paris, chez Rittner et Goupil, B^d Montmartre, n° 32 ; — à D, London, published by Ch. Tilt 86 Fleet Street.

1840 **Le Roi Caudaule** — Lithog. en couleur d'après Devéria, annoncée dans le « Journal de la Librairie ».
Une femme, assise de 3/4 à G sur le bord d'une piscine ; à G, contre un rideau relevé, on aperçoit deux têtes d'hommes qui regardent.

254 H sur 146 L, entourée d'un cadre formé par un double filet contourné aux angles.

Au M, contre le cadre, en bas, est écrit : A. Devéria del. Le titre, écrit en lettres courantes, est placé à 17 m/m du cadre ; plus bas, au-dessous d'un n° 9, on lit : à G, Paris, Wid, éditeur, 38, passage du Saumon ; — au M, Impr. Lemercier, à Paris ; — à D, London, E. Gambart & Cie, 25, Berners St Oxf. S^t.

1850 ? S D **La Clochette** — lithog. in folio de Ste-Aulaire d'après Rousset — 385 H sur 369 L. — bordée d'un TC et d'un double filet formant cadre. Dans une forêt, la femme, debout de face, semble écouter ; au second plan un paysan de face agite une clochette.

Sig. à G, E. Rousset pinxt — au M, Imp. Lemercier, à Paris — à D, A Ste Aulaire, lith.

Le titre est placé à 19 m/m du cadre ; il est suivi du mot : Lafontaine, et on lit plus bas : Publié par A. F. Lemaître.

La même pièce en couleur.

Le Baiser rendu — d'après Janet Lange, par Bettanier. Impr. lith. de Lemercier, à Paris. **1850**

A Paris, chez Bulla frères et Jouy.

Comment l'esprit vient aux Filles — Impr. lith. de Gosselin à Paris. **1853**

§ D — **La Cruche cassée** — gravure de Gervais intitulée *la Laitière et le Pot au lait* et tirée de *l'Abeille Impériale*. **1857 ?**

C'est une imitation de *l'Innocence et l'Amour* de Prud'hon : le même groupe est placé à G au bord d'un ruisseau au milieu d'une forêt touffue. La planche mesure 110 H sur 159 L : elle est bordée d'un TC et porte comme lettres :

1° En H, au M, L'Abeille Impériale ‖ Quai Voltaire, 23.

2° Contre le TC, à G, Imp. Delannain et Sarazin, r. Git Le Cœur, 8, Paris — à D, Eug. Gervais sc.

3° Le titre indiqué plus H, à 11 m/m du TC.

États. — *Avec lettre* : celui décrit.

> *Avant lettre* : sans titres ni sign.
>
> *Eau-forte pure.*

Le même groupe retourné — lithog. à claire-voie de 22) environ H sur 210 L, en noir et en couleur — sig à G, lith. de Langlumé et portant le titre : « Finissez, Colin, je me fâcherai ‼ ».

§ D — **La Courtisane amoureuse** — lithog. de Pirodon, d'après Damaresq. **1860 ?**
Le galant est étendu sur un lit de G à D ; la courtisane agenouillée au pied du lit, de profil à G, tient dans ses mains le pied de son amant.

190 H sur 254 sans bordure : en H au M se trouve un titre en lettres gothiques : « Célébrités Contemporaines » — en B contre la planche on lit : à G, Damaresq pinx — au M, Imp. Lemercier, Paris — à D, Pirodon Lith. A 11 m/m de la planche, au M, se trouve le titre accompagné des mots : (Contes de Lafontaine), puis plus bas, à G, Paris, Eug. Jouy, Edit. boul. de Sébastopol, 36 — à D, New-York. Emile Seitz, 413, Broadway.

23 VIGNETTES — 2e *suite* de SIMON et COINY — *tirage Leclerc.* **1860**
C'est un nouveau tirage des pièces de 1785.

Les planches sont plus pâles et modifiées dans certains détails : coiffures, vêtements, ornements, etc. J'ai signalé sous la rubrique *tirage Leclerc*

1860

les changements apportés à chaque gravure lorsque j'ai décrit la suite
originale. — Voir page 118.

Il y a eu des tirages avec lettre, texte à peu près semblable à celui des
vignettes de la suite Nepveu et des tirages avant lettre.

On a rencontré cette suite encadrée de différentes manières et mêlée à
des vignettes provenant de la suite Nepveu, 1843.

1861

1 portrait fleuron de La Fontaine; 1 portrait fleuron de Duplessi
Bertaux et 69 vignettes en tête de page. Paris, Leclerc, 1851, 2 vol. in 16.
Nouveau tirage de 1778. — Voir page 64.

1861 ?

SUITE de DUPLESSI BERTAUX — *tirage Leclerc* — 1 portrait et
94 planches gravés par Duplessi Bertaux.

Cette suite a paru peu de temps après la publication des 2 vol. de Contes
et des 4 vol. Petits conteurs, réimpress. du Cazin, 1778 indiquée ci-dessus.

Nous trouvons ici cependant un plus grand nombre de vignettes. Leclerc
a ajouté à la suite de Duplessi Bertaux 24 planches de Simon et Coiny
et 1 de Desenne qui ont été coupées pour la circonstance et ramenées à la
dimension des 69 en tête de page.

Il y a eu des tirages sur papier ordinaire et des tirages sur chine
marge in 8.

Cette suite se compose donc de :

1 portrait de La Fontaine : 3/4 à G, ovale de 64 H sur 42 L, sans cadre
ni sign.

Les 71 planches originales de 1778 (on a ajouté *le Poirier* supprimé en
l'édit. de 1841 et *le Maître en droit* qui manque dans l'édition régulière
de 1778).

24 des pièces Simon et Coiny, nouveau tirage, savoir :

2e, 3e et 4e de *Joconde* — Simon et Coiny, nouveau tirage,

Le Mari battu et content — Simon et Coiny, nouveau tirage,

Le Mari confesseur — Simon et Coiny, nouveau tirage,

Le Savetier — Simon et Coiny, nouveau tirage,

Le Paysan qui a offensé... — Simon et Coiny, nouveau tirage,

Le Muletier — Simon et Coiny, nouveau tirage,

La Servante — Simon et Coiny, nouveau tirage,

3 planches de *la Gageure* (la Servante et le 2 pl. p. le Fil) — Simon et
          Coiny, nouveau tirage,

A Femme avare... — Simon et Coiny, nouveau tirage,

On ne s'avise jamais, etc. — Simon et Coiny, nouveau tirage,

La Fiancée du roi de Garbe — Simon et Coiny, nouveau tirage,

La Coupe enchantée — Simon et Coiny, nouveau tirage,

Le petit Chien, etc. — Simon et Coiny, nouveau tirage,

Le Magnifique — Simon et Coiny, nouveau tirage,

Le Baiser rendu — Simon et Coiny, nouveau tirage.

Sœur Jeanne — Simon et Coiny, nouveau tirage, **1861 ?**
L'Amour mouillé — de Desenne.
1 planche tirée de la suite Nepveu, 1813, *l'Ermite*.

Le roi Candaule — par Jules François et Alphonse François, d'après Gérome. **1863**
Paris, Impr. en taille douce, Goupil, Éditeur.

Le Roi Candaule — Wissembourg, Impr. lith. Wentzel — Paris, même maison. **1868**

6 vignettes in 8° gravées par Delannoy d'après Staal, 3e et 4e vol. des « Œuvres complètes, etc... » — Garnier frères, Paris, 7 volumes in 8°. — Voir page 101. **1872**

2 portraits, 83 vignettes d'après Eisen, 4 c. de L.; reproduction des planches de l'Édition Tourneisen, 1803, auxquelles on a ajouté un cadre. — Voir page 62. **1874**

1 portrait, 1 frontispice, 2 gravures hors texte, 74 en tête de page, 36 grands fleurons et 65 culs-de-lampe, en tout 168 pièces gravées par Hillemacher — 2 vol. in 8°, Lyon, Scheuring. — Voir page 101. **1814**

SUITE des contes de La Fontaine publiés par Lemerre : **1877**
11 *eaux-fortes* pour illustrer les contes de La Fontaine, d'après Fragonard, Lancret Boucher, etc..., gravées par MM. Courtry, Greux, Lerat, Lemaire, Martinez, Mongin, Monziés et Rousselle.
Cette suite a été publiée sans texte ; elle était destinée à illustrer les deux volumes des contes de La Fontaine qui ont paru à la même époque chez le même éditeur, Alphonse Lemerre, passage Choiseul, 27-31, Paris.
Elle a été tirée en avant lettre sur chine, sur whatmann et sur hollande, au prix de 80 fr.
Quant aux avec lettre, les tirages sur papier de Hollande et sur chine coûtaient 15 fr., et le papier vergé 10 fr.
Ces vignettes mesurent 102 à 104 H sur 67 à 69 L, généralement sans TC; les avec lettre portent un titre et les signatures du dessinateur et du graveur ; les avant lettre sont sans titre avec les m. sig.
On n'a pas fait de tirage régulier à l'état d'eau-forte, mais on rencontre des planches séparées qui sont alors avant toutes lettres ou avec le nom du graveur à la p.
Les sujets de cette suite, réductions de planches du siècle dernier, se décomposent ainsi :
1 portrait.

1877 16 vignettes, réductions tirées de la suite régulière de Fragonard, Edit° in 4°, Didot, 1795.

8 · réductions de Lancret, publiées vers 1740/50.
2 · · de Lorrain, ·
3 · de Pater, ·
1 · · de Le Clerc, ·
3 de Vleughels, ·
1 · de Subleyras,
2 · de Le Mesle,
2 · de Boucher, ·
1 · d'Eisen ·
1 · · de Ramberg, ·

Détail des planches :

Jocande (le Lit) — Sig. à G, Fragonard del.; à D. L. Monziès sc.
Le Cocu battu — Sig. à G, Fragonard del.; à D, Ch. Courtry.
Le Mari confesseur — Sig. à G, Fragonard del.; à D, Ch. Courtry.
Le Savetier — Sig. à G, Fragonard del.; à D, L. Monziès.
Le Paysan qui avait, etc. — Sig. à G, Fragonard del.; à D, J. C. Lemaire.
La Servante justifiée — Sig. à G, Lancret pinx; à D, L. Monziès.
La Gageure (la Servante) — Sig. à G, Fragonard; à D, A. Greux.
Le Calendrier des vieillards — Sig. à G, Fragonard; à D, Ch. Courtry.
A Femme avare Galant escroc — Sig. à G, Fragonard; à D, L. Monziès.
On ne s'avise jamais de tout — Sig. à G, Fragonard; à D, Martinez.
Le Gascon puni — Sig. à G, Lancret pinx; à D, J. C. Lemaire.
La Fiancée (la Cassette) — Sig. à G, Fragonard; à D, A. Greux.
La Coupe enchantée — Sig. à G, Fragonard; à D, Ch. Courtry.
Le Faucon — Sig. à G, Fragonard; à D, A. Mongin.
Le Petit chien qui, etc — Sig. à G, Lancret pinx; à D, Ch. Courtry.
Le Pâté d'anguille — Sig. à G, Fragonard; à D, L. Monziès.
Le Magnifique — Sig. à G, Fragonard del.; à D, Ch. Courtry sc.
La Matrone d'Ephèse — Sig. à G, Fragonard del.; à D, J. C. Lemaire sc.
Belphégor — Sig. à G, Fragonard del; à D, L. Monziès sc.
La Clochette — Sig. à G, P. Le Mesle pinx; à D, J. C. Lemaire sc.
Le Glouton — Sig. à G, Pater pinxit; à D, J. C. Lemaire sc.
Les deux Amis — Sig. à G, Lancret pinx; à D, L. Monziès.
Le Baiser rendu — Sig. à G, Pater pinx; à D, L. Monziès.
Les Oies de Frère Philippe — Sig. à G, Lancret pinx; à D, L. Monziès.
Le Villageois qui cherche son veau — Sig. à G, Vleughels del; à D, G. Greux sc.
Frère Luce — Indiqué à tort — Vleughels inv. (Subleyras).
Les Rhémois — Sig. à G, Lancret pinx; à D, Ch. Courtry sc.
La Courtisane amoureuse — Sig. à G, Boucher pinx; à D, L. Monziès sc.
Nicaise — Sig. à G, Lancret pinx; à D, L. Monziès sc.
Les Troqueurs — Sig. à G, Lancret pinx; à D, G. Greux sc.
Le Cas de conscience — Sig. à G, Eisen del.; à D, L. Monziès sc.

La Jument du compère Pierre — Sig. à G, Vleughels del.; à D, G. Greux sc.

Les Lunettes — Sans nom — Sig. à G, Bamberg; à D, A. Greux sc.

La Chose impossible — Sig. à G, Lorrain del.; à D, A. Greux sc.

Le Cuvier — Sig. à G, P. Le Mesle pinx; à D, Ch. Courtry sc.

Le Bât — Sig. à G, Vleughels del.; à D, L. Monziès sc.

Le Tâteur d'oreilles — Indiqué à tort — Sig. à G, Fragonard (Le Clerc); à D, G. Greux sc.

Le Fleuve Scamandre — Sig. à G, Boucher pinx; à D, L. Monziès sc.

Les Aveux indiscrets — Sig. à G, Pater pinx; à D, H. Rousselle sc.

1 portrait et 8 vignettes anonymes in-16 à l'eau forte, publiées à part et destinées à illustrer 2 vol. in-16, de l'impr. et librairie Berns, Paris 1878. **1878**

Ces vignettes de 95 H sur 61 L environ, sans titre ni signatures, ont été tirées sur papier ordinaire chine, maroquin-I et même in folio.

Les sujets traités sont : Joconde (le lit). — La Servante justifiée. — Le Gascon puni. — Le petit chien qui secoue etc. — Le paysan qui cherche son veau. — Le roi Candaule. — La jument de compère Pierre. — Le Diable de Papefiguière.

COLLECTION de 40 vignettes en têtes de pages d'après Cochin, pour les contes de La Fontaine, réimpression sur les cuivres originaux. — Paris, P. Rablin, quai Voltaire, 23. **1870**

C'est la réimpression des en tête de page qui figurent au 2e volume de l'édition 1743/45.

Le tirage a été fait en in 8° et in 4° sur vergé blanc, en grand in 8° sur hollande et sur chine.

20 gravures pour les contes de La Fontaine, gravées par Goël d'après les dessins de Fragonard. Paris, phot, E. Godrant ; L. Willem. 105 H sur 75 L, sans TC ni signature ni titre. **1870**

SUITE de Duplessi-Berteaux. Tirage Lemonnyer. 3 portraits et 56 en tête de page; réimpression des vignettes publiées par Leclerc en 1861. — Voir page 182. **1870**

Ces vignettes étaient destinées à illustrer 2 vol. in-16 parus à la même date, à Rouen, chez Lemonnyer.

La suite de Leclerc comprenait 94 pièces : elle était composée des Duplessi-Berteaux de 1778 et de 24 planches nouvelles, — Voir page 182.

Dans la suite qui nous occupe nous avons :

1 nouveau portrait de La Fontaine : 3/4 à G, ovale de 55 H sur 42 L, dans un cadre formé d'un ami plat entre deux listels. Ce cadre repose sur un soubassement architectural et se détache sur un fond rectangulaire qui se prolonge en une tablette blanche, bordée d'un filet et sur laquelle on lit : J. de La Fontaine : un nœud de ruban orne le haut du cadre, et en bas se trouvent deux branches de myrthe qui se réunissent derrière un

1880 médaillon ornementé sur lequel on voit le chiffre de l'éditeur. — Dimension totale : 0.1 H sur 0.1 L. — s. sig.

2 portraits ovales : celui de La Fontaine et celui de Duplessi Bertaux; ils sont tirés de l'édition de 1831.

3 en tête de page *publiées à part* en 1831.

5 planches sur les 21 de Simon et Coiny publiées à part en 1831, savoir : Les 3 pour *Joconde* et 2 pour la *Gageure des trois Commères* (les 2 sujets le Fil).

1880 SUITE DE MARTIAL. — 1 portrait de Fragonard — 1 portrait de La Fontaine, 1 fleuron de titre et 57 planches gravées par Martial.

Figures || des || Contes de La Fontaine || gravées par Martial || et destinées à orner l'édition Didot, 1795, en 2 vol. in f° ||. Ces figures se trouvent à Paris || Chez P. Rouquette, Libraire || Passage Choiseul, 57 || sans date.

Ces figures, au nombre de 57, sont la reproduction à *l'eau forte* des 57 dessins exécutés pour l'édition in-4° de 1795. Du reste, je crois devoir, à ce sujet, reproduire en partie l'annonce même du libraire inscrite à la quatrième page des couvertures renfermant ces estampes.

« Les dessins de Fragonard pour les *Contes de La Fontaine* sont au nombre de 57; ils avaient été exécutés pour un riche amateur de la fin du dernier siècle qui les plaça dans un texte manuscrit in f°... Cet exemplaire se trouve actuellement dans les mains d'un bibliophile qui nous autorise à reproduire ces compositions...

On sait que de ces dessins 21 seulement ont été gravés (car les autres sujets de l'édition Didot sont dus à Lebarbier, Touzé et Mallit, encore sur ces 21 planches plusieurs n'existent qu'à l'état d'eau forte et trois sont d'une grande rareté.

Les amateurs regrettaient que cette publication eût été interrompue. Nous avons voulu combler cette lacune et à la fois mettre au jour une œuvre nouvelle en faisant graver ces 57 dessins.

Ainsi les 21 planches de l'édition Didot ne feront pas double emploi avec les nôtres puisque celles-ci sont la reproduction et non l'interprétation des dessins. »

Les planches sont de la dimension de l'édition Didot...

Il y a eu *3 états* de tirés.

Eau-forte pure : 50 exemplaires en noir à . . . . 150 fr.
Planche terminée avant toutes lettres : 50 ex. en bistre . 450
       100 ex. en noir . . . 350
       avec les noms à la p.: 200 ex. en noir . . . 250 fr.

La publication a été faite en 10 livraisons, dont 9 de 6 planches et la dernière de 3 planches avec titre, table et portrait gravé. Les planches suivantes sont renfermées dans une couverture bleue présentant au recto de la 1re page le titre ci-dessus et la liste des contes; au verso de la 4e page les conditions de la publication.

1 portrait de Fragonard : Il est assis presque de face; la planche signée R. Martial, d'après Fragonard et Mlle Girard.

Le titre : Contes || Et Nouvelles en vers || par || Jean de La Fontaine avec un fleuron signé R. Martial sc 1884 || PP Choffart inv. Ce fleuron est à claire voie et représente une femme étendue sur des nuages de D à G au milieu de colombes ; c'est le titre qui devait figurer comme fleuron au deuxième volume de l'édition in 4°, 1785.

1880

PREMIER VOLUME

Joconde (le lit).
Le Cocu battu et content.
Le Mari confesseur.
Le Savetier.
Le Paysan.
Le Muletier.
La Servante justifiée.
La Gageure des trois Commères.
Le Calendrier des Vieillards.
On ne s'avise jamais de tout.
A Femme avare Galant escroc.

Le Gascon puni.
La Fiancée du roi de Garbe.
La Coupe enchantée.
Le Faucon.
Le Petit chien.
Le Pâté d'anguille.
Le Magnifique.
La Matrone d'Éphèse.
Belphégor.
La Clochette.

DEUXIEME VOLUME

Les Oies de Frère Philippe.
Richard Minutolo.
Les Cordeliers de Catalogne.
Le Berceau.
L'Oraison de saint Julien.
Le Villageois qui cherche son veau.
L'Anneau d'Hans Carvel.
L'Ermite.
Mazet de Lamporrecchio.
La Mandragore.
Les Remois.
La Courtisane amoureuse.
Nicaise.
Comment l'esprit vient aux Filles.
L'Abbesse malade.
Les Troqueurs.
Le Cas de conscience.
Le Diable de Papefiguière.

Féronde.
Le Psautier.
Le roi Candaule.
Le Diable en Enfer.
La Jument du compère Pierre.
Les Lunettes.
Le Cuvier.
La Chose impossible.
Le Tableau.
Le Bât.
Le Faiseur d'oreilles.
Le Fleuve Scamandre.
La Confidente sans le savoir.
Le Remède.
Les Aveux indiscrets.
Le Contrat.
Le Quiproquo.
Le Rossignol.

Table avec en tête un médaillon rond, portrait de La Fontaine, 3/4 à G ; à D une femme est appuyée contre le cadre : à G des amours développent une feuille qui contient la liste des contes.

SUITE de 14 FIGURES dessinées et gravées par MARTIAL, planches destinées à compléter la suite de Fragonard publiée par Bouquette.

1881

La suite précédente de Fragonard ne comprenant que 57 contes sur 69 généralement publiés, Martial a composé et gravé 12 nouveaux sujets et il y a joint l'épitaphe et une table.

1881

Les planches ont les mêmes dimensions que les Fragonard. Elles ont été tirées à 300 exemplaires et sont contenues dans une couverture bleue dont le titre est :

Figures || des Contes de Lafontaine || — || 11 compositions par A. P. Martial pour faire suite aux 60 planches || gravées par le même artiste d'après les originaux de Fragonard || qui laissaient sans estampes 12 contes de Lafontaine ||.

Ce titre occupe la partie supérieure d'un cartouche de environ 226 || sur 157 L bordé d'un cadre de 11 m/m sur les côtés. Au centre et dans la partie inférieure on voit sur un fond de nuage, à G, une femme de face, qui semble venir se présenter au public, et à D, une femme de dos qui semble se diriger vers le fond. Entre ces deux personnages se trouve la liste des 11 planches : *la Cruche* — *Promettre est un...* — *le Gascon...* — *les deux Amis* — *a Couturière* — *l'Amour mouillé* — *le Glouton* — *Sœur Jeanne* — *le Juge de Mesle* — *Iris* — *Alix malade* — *le Baiser rendu* — *Épitaphe* — *Table* (la table représente le même sujet que sur la couverture).

En dessous des nuages on lit : Exemplaire N°... Enfin sur le cadre est écrit en || A. P. Martial et en B la justification suivante des tirages :

Premiers exemplaires avant toutes lettres Numérotés || de 1 à 50, 1er État, eau-forte pure, prix 100 fr. || de 51 à 100, 2e État, terminé bistre, prix 90 fr. || de 101 à 200, 2e État, terminé noir, prix 80 fr. ||.

En dessous du TC : Papier de Hollande, Von G io — Imprimerie Bullet, quai de la Tournelle, 35 || Paris ||.

SUITE de DE MARE — Contes || de || La Fontaine || Les vingt estampes dessinées || par || Fragonard et Touzé || pour l'édition de P. Didot l'ainé. Paris, 1795 || réduites et gravées à l'eau-forte || par T. de Mare. || Paris || Librairie de L. Conquet || 5, rue Drouot, 5 || 1881. ||

Le cadre de la gravure a 80 m/m de || sur 70 de L, et le tirage est fait sur papier de format in-f°.

La publication a été faite en 4 livraisons : la 1re livraison a été mise en vente au mois de novembre 1880 et renfermait :

1881

1° Un titre de la publication avec justification de tirage et le n° de l'exemplaire.

2° Le fleuron de Choffard de l'édition Didot, réduit également par T. de Mare.

3° 5 estampes.

Cette collection a été tirée à 259 exemplaires numérotés :

Nos   1 à 50 — 50 exemplaires, 1er état, eaux fortes pures sur Japon blanc, 180 fr.

«   51 à 100 — 50   «   2e état, épreuves avancées, mais non terminées, sur Japon blanc, 180 fr.

« 101 à 200 — 100   «   3e état, épreuves terminées, avec les noms à la pointe sur Japon blanc, 150 fr.

Nos 201 à 520 — 1 00   ·   1er état, épreuves avec les numéros et
les noms des artistes imprimés
sur hollande, 50 fr.

·   521 à 554 — 54   ·   2e état, le 1er état tiré en bistre sur
Japon blanc, 80 fr.

1881

Ces vingt vignettes sont la réduction des vingt estampes régulières de l'édition de 95.

On y a ajouté un portrait de Fragonard et un tirage à part du fleuron de titre du 1er vol. de 1795.

Les avec lettre portent : 1° en H à D, le n° qui figure sur les estampes originales; 2° en B à G, la sig. de Fragonard et celle du graveur; a D, T. de Mare aqua; 3° au M, L. Conquet, éditeur, Imp. Ch. Chardon.

SUITE des cent estampes || pour illustrer || les || Contes et Nouvelles || en vers || par || de La Fontaine || Réimpression de l'édition de Paris, Didot, 1795, 2 vol. in-4° ||

1882

Paris || Chez J. Lemonnyer, Libraire éditeur, || 55 bis, Quai des Grands Augustins || Même maison à Rouen, passage Saint-Bernard || 1882. ||

Ces cent estampes se décomposent ainsi :

2 portraits de La Fontaine par Martial, 1 comme frontispice du 1er vol. vient de la suite Rouquette et 1 pour la table.

2 vignettes de titre : 1 pour chaque volume.

2 pièces : 1 vignette et 1 cul-de-lampe pour la préface.

31 pièces : 20 pièces régulières de l'édition de 1795; 11 pièces avant lettres ou à l'eau forte tirées des figures complémentaires de 1795. — Voir page 72.

57 pièces nouveau tirage avec lettre de la suite de Rouquette.

2 portraits de Fragonard : 1 comme frontispice du 2 vol., vient de la suite de Rouquette, et 1 pour la table.

1 vignette : la même pour la table de chaque volume.

---

100 estampes.

Ainsi que l'éditeur nous l'a fait connaître, cette publication a fait l'objet de 5 séries qui pouvaient être prises séparément.

1° Les cent estampes avec lettre en noir, en bistre, en bleu ou en sanguine.

2° 43 estampes avant lettres en noir, en bistre, en bleu ou en sanguine.

Ce sont les 31 pièces signalées plus haut, avec les 9 pièces nouvelles, portraits, vignettes, etc.; elles sont sans titre et sans signatures.

3° 43 estampes (les précédentes) avec lettre (elles ont un titre et les signatures originales), en noir, en bistre, en bleu ou en sanguine.

1882

4° 1 portrait et 57 pièces avec lettre, en noir, en bistre, en bleu ou en sanguine.

5° 28 suites du premier état de morsure à l'eau-forte des 31 planches.

Les prix de publication sont les suivants :

	1re Série	2e Série	3e Série	4e Série	5e Série
Sur Japon	150	150	100	75	
Sur chine extra fort. . .	100	100	75	60	
Sur vélin de Hollande. .	80	80	60	50	200
Sur vergé de Hollande .	80	80	60	50	

Dans les suites jointes au texte et dans lesquelles les 31 planches sont avant la lettre, on a pris soin de joindre à chaque estampe une feuille légère portant le n° du classement (5 à 98), le titre, et en dessous l'indication, soit gravure terminée, Édition 1795 ou eau-forte, soit dessin de Fragonard gravé à l'eau-forte par Martial.

Nous remarquons que, dans ces séries, les 4 premières planches manquent, ce sont : le portrait de La Fontaine, la vignette pour le titre, la vignette pour la préface et le cul-de-lampe pour la préface ; nous devons encore signaler comme devant manquer le n° 59, vignette pour la table, et au 2e volume le n° 60, portrait de Fragonard ; n° 61, vignette pour le titre ; et enfin le n° 99, cul-de-lampe, et n° 100, vignette pour la table.

1883

1 portrait de La Fontaine, 1 portrait de Fragonard, 60 vignettes hors texte, réduction des dessins de Fragonard, et 71 culs-de-lampe, reproduction des culs-de-lampe de Boilly, 1764, 2 vol. in-8°.

1884

SUITE de LE NATUR.

Suite de || 180 gravures et vignettes || à l'aqua-teinte || pour illustrer les || Contes et Nouvelles || en vers || de J. de La Fontaine || Compositions de Le Natur. Paris || Ed. Rouveyre et G. Blond || Imprimeurs Éditeurs || 98, rue Richelieu, 98 || 1884. ||

Cette suite devait se composer de 60 culs-de-lampe, 60 en-tête de page et 60 planches présentant un titre encadré entre deux sujets ; le tout à claire-voie.

Un tirage unique de 100 ex-numérotés sur papier Japon, devait comprendre les épreuves avant le découpage des planches ; chaque feuille devait contenir le titre, l'en-tête de page et le cul-de-lampe.

Cette publication a dû être interrompue et les suites complètes sur Japon doivent être très rares : J'ai eu, il est vrai, connaissance d'un de ces exemplaires sur le catalogue d'un libraire, mais je n'ai pas eu la bonne fortune de pouvoir l'examiner.

On ne rencontre qu'une livraison complète (10 francs) sur les six annoncées.

Elle contient : *la Matrone d'Ephèse — le Berceau — les Cordeliers — la Confidente — le Fleuve Scamandre — la Jument — le Tableau — le Diable de Papefiguière — le Cuvier — Belphégor.*

Les défauts que l'on peut se procurer sont assez nombreux, mais on n'arrive pas à la suite complète.

On peut trouver : *On ne s'avise... — Richard Minutolo — Mazet — les Remois — la Courtisane — Comment l'esprit... — les Troqueurs — le Cas de conscience — Féronde — le Psautier — le Diable en enfer — les Lunettes — la Chose impossible — les Aveux indiscrets.*

SUITE de Fermiers généraux publiés par Lemonnyer.

Suite des Gravures || pour illustrer || les || Contes et Nouvelles || en vers || par || J. de La Fontaine || Collection des Fermiers généraux, 85 planches in-8°. Paris || Chez Lemonnyer, Libraire Editeur || 53 bis, quai des Grands- Augustins || 1884. ||

C'est un nouveau tirage des deux portraits et des 83 planches des Fermiers généraux publiés par Barraud en 1871.

La couverture cartonnée qui enveloppe cette suite contient en plus un faux titre et un titre (celui désigné ci-dessus avec fleuron au centre), chaque planche est accompagnée d'une feuille légère sur laquelle est écrit le n° de la gravure (1 à 85) et son titre.

SUITE de six estampes || dessinées et gravées au trait || par || J.-H. Ramberg || pour illustrer les contes de La Fontaine || Collection complète || Paris || J. Lemonnier, Libraire Editeur || 53 *bis,* quai des Grands-Augustins || 1884. || Réduction au trait des six planches de Ramberg publiées vers 1800. — Voir page 154.

Les planches ovales ou carrées, bordées d'un filet, sont de dimensions différentes et sans sig.

Pl. ovales : *Joconde,* 139 H sur 180 — *La Jument,* 133 H sur 175 — *Le Poirier,* 157 H sur 137 — *Le Villageois,* 155 H sur 136.

Pl. carrées : *Les Lunettes,* 198 H sur 171 — *Le Rossignol,* 136 H sur 173.

Ainsi que pour la suite de Lancret, Pater, etc., une feuille légère est fixée à l'estampe et porte le titre du conte, suivi de la mention Ramberg inv. et del.

SUITE des Lancret, Pater, etc., publiée par Lemonnyer.

Suite d'estampes || d'après Lancret, Pater, Eisen || Boucher || pour illustrer les || Contes de La Fontaine || gravées au burin par Depoilier, aîné ||

Trente-huit planches in-4° et deux vignettes gravées en taille-douce.

1885 Paris || Jules Lemonnyer, Éditeur || 59 *bis*, quai des Grands-Augustins 1885. ||

Ces estampes sont les réductions des planches publiées au siècle dernier par Filloeul, Larmessin et Buldet. Elles se décomposent ainsi : Lancret, 12 — Pater, 8 — Vleughels, 5 — Eisen, 4 — Boucher, 4 — Lorrain, 2 — Le Mesle, 1 — Le Clerc, 2 : En tout 38 planches.

Cette suite a paru en 13 livraisons de 3 pièces chacune, et en collection complète réunie en album.

Les albums comprennent en plus des planches, 1 faux titre, 1 titre 1 tirage à part du fleuron de titre, 1 table et 1 tirage à part du cul-de-lampe de la table.

Il y a eu pour cette publication une débauche de tirages :

Eaux-fortes pures.
Epreuves terminées.
Epreuves terminées avant la lettre, avec le nom des artistes à la pointe sèche.
Epreuves terminées avec lettre et et le nom des artistes imprimé.

Sur Japon noir et bistre, sur whatmann et sur vergé de Hollande.

Chaque estampe est fixée à une feuille légère qui lui sert de couverture et sur laquelle se trouvent inscrits :

1° Le titre du conte ;

2° Le nom du dessinateur et celui du graveur de la planche originale ;

3° Les vers de Roy de Moraine ou autres, qui figurent comme texte sur les planches originales.

En plus des indications portées sur cette feuille, les avec lettre portent à G, le nom du dessinateur ; au M, sur quelques gravures, J. Lemonnyer, éditeur ; à D, Depollier sc ou Depollier aîné sc ; en dessous se trouve le titre du conte sans texte, et plus bas, à D, on lit : Imp. Lallemant et Cie.

www.ingramcontent.com/pod-product-compliance
Ingram Content Group UK Ltd.
Pitfield, Milton Keynes, MK11 3LW, UK
UKHW021906070726
13613UKWH00001B/371